校企合作汽车专业精品教材

汽车车载网络系统检修

主编 吉文哲 张维俊 苏超杰

教·学资源

航空工业出版社

北京

内 容 提 要

本书共包含5个项目，分别是汽车车载网络系统概述、CAN总线系统检修、LIN总线系统检修、MOST总线系统检修和其他常见总线系统检修。

本书内容翔实，通俗易懂，并紧密结合实际，可作为高等职业院校汽车检测与维修技术及其他相关专业学生的教材。

图书在版编目（CIP）数据

汽车车载网络系统检修 / 吉文哲，张维俊，苏超杰主编. -- 北京：航空工业出版社，2023.4（2024.5重印）
ISBN 978-7-5165-3308-6

Ⅰ. ①汽… Ⅱ. ①吉… ②张… ③苏… Ⅲ. ①汽车－计算机网络－维修－高等职业教育－教材 Ⅳ.
①U472.41

中国国家版本馆CIP数据核字(2023)第052060号

汽车车载网络系统检修
Qiche Chezai Wangluo Xitong Jianxiu

航空工业出版社出版发行
（北京市朝阳区京顺路 5 号曙光大厦 C 座四层　100028）
发行部电话：010-85672666　　010-85672683

北京同文印刷有限责任公司印刷	全国各地新华书店经销
2023 年 4 月第 1 版	2024 年 5 月第 2 次印刷
开本：880×1230　1/16	字数：318千字
印张：12.25	定价：59.80元

前言 PREFACE

随着汽车电子技术的发展和人们对汽车各种功能需求的不断增加，汽车车载网络系统的种类和功能也越来越多。作为汽车的重要组成部分，汽车车载网络系统不但实现了汽车内部数据共享，而且提高了汽车的故障自诊断能力，大大增强了汽车的可靠性和维修便利性。汽车车载网络系统一旦出现故障，将会导致各电控单元之间不能正常通信，从而引发汽车多方面的故障。因此，检修汽车车载网络系统是汽车维修人员必须掌握的重要技能。

为了更好地适应并推动职业教育的发展，培养掌握汽车车载网络系统检修理论知识和实践技能的高素质人才，编者进行了大量的企业调研和毕业生访问调查，深入了解市场对相关岗位工作人员的实际技能需求，在听取专家意见的基础上，结合活页式教材理念和近年来的教学经验编写了本书。

本书主要有以下几个特点。

1 素质教育，立德树人

党的二十大报告指出："育人的根本在于立德。"本书有机融入党的二十大精神，积极贯彻"价值塑造、能力培养、知识传授"三位一体的育人理念，将素质教育潜移默化地融入教学过程。例如，本书在每个项目的最后设置"素养之窗"模块，通过介绍汽车车载网络系统的发展态势和我国在汽车车载网络系统方面的创新技术等，来拓宽学生的视野，增强学生的创新意识、民族自豪感和使命感。

2 校企合作，工学结合

在编写本书的过程中，编者获得了多位汽车车载网络系统检修方面的专家和一线工作人员的大力支持，充分考虑了汽车车载网络系统检修相关岗位的实际技能需求，力求使理论知识和实际岗位有机结合，让学生在学习的过程中同步提高技能水平。

3 活页理念，素质教学

为落实教育部相关文件精神，切实满足职业教育的要求，本书采用了"活页式理念"进行编写。本书坚持以实践应用为主线，在传授学生理论知识的同时，着重锻炼学生解决问题的能力，培养学生的职业规划意识。本书兼顾理论教育、技能教育与素质教育，旨在培养具有专业素质的综合性人才。

4 任务驱动,理实一体

本书根据实际内容划分为多个项目,每个项目设有多个任务,每个任务以任务引入、任务工单、相关知识、实践操作的结构安排内容。

任务引入:以实际案例、情景故事等引出任务,让学生初步了解所学知识的实际应用情况和相关背景,以激发学生的学习兴趣。

任务工单:配套设计于每个任务中,体现"做中学,学中做"的教学理念。任务工单可以辅助学生记录在任务实施过程中的实际工作内容和遇到的问题,有助于培养学生自主学习的意识和能力。同时,老师也可通过学生提交的任务工单,掌握学生对知识点的理解程度和对学习计划的执行情况。

相关知识:参考高等职业院校汽车车载网络系统检修的课程标准,以"必需、够用"为原则,侧重介绍汽车车载网络系统的组成、工作原理、故障类型和检修方法。

实践操作:以相关岗位所需的知识和技能为出发点,设置了认识汽车车载网络系统和检修其常见故障等实操内容,以培养学生的实践能力,体现职业教育的特色。

5 模块丰富,助力学习

本书正文穿插了"知识链接""汽车小贴士"模块,补充介绍与专业相关的课外知识和注意事项等,帮助学生更好地理解相关内容,同时拓宽学生视野;在适当位置设置了"课堂互动"模块,提出问题,让学生进行思考、讨论,以充分调动学生的积极性,活跃课堂气氛。另外,本书在每个项目都设置了"案例荟萃"模块,介绍具体的汽车车载网络系统检修的实例,加深学生对相关知识的理解和运用。

6 强化成果,提升技能

本书以目标为导向,将过程化考核有机地融入每个项目中,以强化教学成果,并引领学生进一步提升学习技能。

首先,本书在每个项目的开头明确了本项目所要达成的知识目标、技能目标和素质目标,让学生有目的地开展理论学习和实践活动。

其次,本书在关键点处设置了"随堂笔记"模块,引导学生在学习和实践过程中记录相关经验和感想,巩固学习成果。

最后,本书在每个项目的最后设置了"学习成果检验""学习成果评价"模块。其中,"学习成果检验"模块通过习题检验学生对本项目理论知识的理解程度与掌握情况,学生可据此查漏补缺;"学习成果评价"模块分别从知识、技能、素养三方面对学生的学习成果进行评价,可辅助教师进行过程考核,辅助学生总结经验、提升技能。

7 图有乾坤，学有所乐

本书"实践操作"中的步骤图均是编者在专业维修人员的指导下精心拍摄的，确保了实践操作的准确性、规范性。另外，本书配有大量彩色的线路图和实物图等，这些图片与文字内容相辅相成，为学生营造了直观生动的认知环境，让学生学起来更轻松愉悦。

8 数字资源，平台辅助

本书配有丰富的数字资源。读者可借助手机或其他移动设备扫描二维码获取有关汽车车载网络系统检修的微课视频，也可登录文旌综合教育平台"文旌课堂"（www.wenjingketang.com）查看和下载本书配套资源，如习题答案、优质课件、教案等。

此外，本书还提供了在线题库，支持"教学作业，一键发布"，老师只需要通过微信或"文旌课堂"App扫描扉页二维码，即可迅速选题、一键发布、智能批改，并查看学生的作业分析报告，提高教学效率、提升教学体验。学生可在线完成作业，巩固所学知识，提高学习效率。

本书由吉文哲、张维俊、苏超杰担任主编，营一凡、艾亮、朱永凯、王欢、李浩、许雅担任副主编。在编写本书的过程中，编者翻阅了大量有关汽车车载网络系统的文献资料，并引用了部分文章和图片等。这些引用的资料大部分已获原作者授权，但由于部分资料来自网络，我们未能确认出处，也暂时无法联系到原作者。对此，我们深表歉意，并欢迎原作者随时与我们联系（电话：4001179835），我们将按规定支付酬劳。

由于编者水平有限，书中存在的疏漏与不当，恳请广大读者批评指正。

目录 CONTENTS

项目 1 汽车车载网络系统概述 / 1

任务 1.1　认识汽车车载网络系统 / 2
任务引入 / 2
任务工单1.1——认识汽车车载网络系统 / 3
1.1.1　汽车车载网络系统的发展背景 / 7
1.1.2　汽车车载网络系统的功能、
　　　　特点和基本术语 / 8
1.1.3　汽车车载网络系统的分类 / 13
1.1.4　汽车车载网络系统的通信协议 / 16
实践操作1.1——认识汽车车载网络系统 / 20

**任务 1.2　熟悉汽车车载网络系统检修的
　　　　相关知识 / 22**
任务引入 / 22

任务工单1.2——熟悉汽车车载网络系统
　　　　　　　检修的相关知识 / 23
1.2.1　汽车车载网络系统的
　　　　常用检修仪器 / 27
1.2.2　汽车车载网络系统的常见故障类型
　　　　和检修方法 / 30
实践操作1.2——使用汽车车载网络系统
　　　　　　　常用检修仪器进行检修 / 31
学习知识检验 / 36
学习成果评价 / 38

项目 2 CAN 总线系统检修 / 39

任务 2.1　认识 CAN 总线系统 / 40
任务引入 / 40
任务工单2.1——认识CAN总线系统 / 41
2.1.1　CAN总线系统的分类和组成 / 45
2.1.2　CAN总线系统的特点 / 46
2.1.3　CAN总线系统的数据传输 / 48
实践操作2.1——认识CAN总线系统 / 49

任务 2.2　检修高速 CAN 总线系统 / 52
任务引入 / 52
任务工单2.2——检修高速CAN总线
　　　　　　　系统 / 53
2.2.1　高速CAN总线系统的数据传输 / 57
2.2.2　高速CAN总线系统的故障类型 / 58
2.2.3　高速CAN总线系统的检修方法 / 58

实践操作2.2——检测高速CAN总线系统的
　　　　　　　终端电阻 / 64

任务 2.3　检修低速 CAN 总线系统 / 66
任务引入 / 66
任务工单2.3——检修低速CAN总线系统 / 67
2.3.1　低速CAN总线系统的数据传输 / 71
2.3.2　低速CAN总线系统的故障类型 / 72
2.3.3　低速CAN总线系统的检修方法 / 72
实践操作2.3——检测低速CAN总线系统的
　　　　　　　波形 / 80
学习知识检验 / 82
学习成果评价 / 84

项目 3　LIN 总线系统检修 / 85

任务 3.1　认识 LIN 总线系统 / 86
任务引入 / 86
任务工单3.1——认识LIN总线系统 / 87
3.1.1　LIN总线系统的组成和特点 / 91
3.1.2　LIN总线系统的数据传输 / 92
实践操作3.1——认识LIN总线系统 / 96

任务 3.2　检修 LIN 总线系统 / 98
任务引入 / 98
任务工单3.2——检修LIN总线系统 / 99
3.2.1　LIN总线系统的故障类型 / 103
3.2.2　LIN总线系统的检修方法 / 103
实践操作3.2——检修LIN总线系统 / 105
学习知识检验 / 108
学习成果评价 / 110

项目 4　MOST 总线系统检修 / 111

任务 4.1　认识 MOST 总线系统 / 112
任务引入 / 112
任务工单4.1——认识MOST总线系统 / 113
4.1.1　MOST总线系统的组成和特点 / 117
4.1.2　MOST总线系统的状态 / 119
4.1.3　MOST总线系统的数据传输 / 120
实践操作4.1——认识MOST总线系统 / 122

任务 4.2　检修 MOST 总线系统 / 124
任务引入 / 124
任务工单4.2——检修MOST总线系统 / 125
4.2.1　MOST总线系统的故障类型 / 129
4.2.2　MOST总线系统的检修 / 129
实践操作4.2——检修无法通信的
　　　　　　　MOST总线系统 / 132
学习知识检验 / 135
学习成果评价 / 137

目录

项目 5 其他常见总线系统检修 / 139

任务 5.1 检修 Byteflight 总线系统与 FlexRay 总线系统 / 140

 任务引入 / 140

 任务工单 5.1——检修 Byteflight 总线系统与 FlexRay 总线系统 / 141

 5.1.1 Byteflight 总线系统 / 145

 5.1.2 FlexRay 总线系统 / 147

 实践操作 5.1——检修 FlexRay 总线系统的安全蓄电池接线柱 / 151

任务 5.2 检修 VAN 总线系统与 BSD 总线 / 154

 任务引入 / 154

 任务工单 5.2——检修 VAN 总线系统与 BSD 总线 / 155

 5.2.1 VAN 总线系统 / 159

 5.2.2 BSD 总线 / 162

 实践操作 5.2——认识基于 BSD 总线的电源管理系统，并用示波器进行检修 / 165

任务 5.3 检修诊断总线与车载蓝牙系统 / 168

 任务引入 / 168

 任务工单 5.3——检修诊断总线与车载蓝牙系统 / 169

 5.3.1 诊断总线 / 173

 5.3.2 车载蓝牙系统 / 175

 实践操作 5.3——认识 CAN 诊断总线并进行故障诊断 / 178

学习知识检验 / 180

学习成果评价 / 182

参考文献 / 183

项目 1
汽车车载网络系统概述

项目导读

　　汽车车载网络系统是用于汽车内部传感器、电控单元和执行器之间的通信,以点对点的连线方式连成的复杂网状结构,是汽车的控制中心。随着电子技术的发展及其在汽车上的广泛应用,汽车车载网络系统变得越来越复杂,其检修的难度也越来越大。本项目概述了汽车车载网络系统及其检修的相关知识,旨在使学生对这些基础知识有一个初步的了解,以便为后续学习具体的检修内容奠定基础。

知识目标

1．掌握汽车车载网络系统的功能、特点、基本术语、分类和通信协议等内容。
2．了解汽车车载网络系统常用检修仪器、故障类型和检修方法。

技能目标

1．能够说出汽车车载网络系统的具体应用。
2．能够正确选择和使用各汽车车载网络系统检修仪器。

素质目标

1．培养兢兢业业、无私奉献的职业精神。
2．弘扬精益求精、科学严谨、追求卓越的工匠精神。

汽车车载网络系统检修

任务 1.1 认识汽车车载网络系统

 **任务引入**

王某准备开车去公司上班,发现汽车的发动机无法启动,组合仪表上的故障灯也都不亮,于是找人将汽车拉去汽车维修厂进行检修。检修人员利用汽车检测仪等仪器对该车检测后,判断可能是汽车车载网络系统中的一个网关出了问题,于是更换了该网关,清除故障码后试车,汽车恢复正常。

请大家思考:什么是汽车车载网络系统?它由哪几部分组成呢?本任务的知识与技能要求如表1-1所示。

表1-1 知识与技能要求

任务内容	认识汽车车载网络系统	学习程度		
		识记	理解	应用
学习任务	汽车车载网络系统的发展背景		●	
	汽车车载网络系统的功能、特点和基本术语	●		
	汽车车载网络系统的分类	●		
	汽车车载网络系统的通信协议		●	
实训任务	认识汽车车载网络系统			●
自我勉励				

班级 _____ 姓名 _____ 学号 _____

 任务工单1.1——认识汽车车载网络系统

1. 学生分组

以3~5人为一组,选出组长并进行任务分工,将小组概况及分工情况填入表1-2中。

表1-2 小组概况及分工情况

班级:　　　　　　　　组号:　　　　　　　　指导老师:

小组成员	姓名	学号	任务分工
组长			
组员			

2. 获取信息

在进行实践操作前,需要掌握汽车车载网络系统的相关知识。请各组组长组织组员收集相关资料,回答下列问题。

引导问题1:什么是汽车车载网络系统?

班级 _____ 姓名 _____ 学号 _____

引导问题2：汽车车载网络系统的功能和特点有哪些？

引导问题3：汽车车载网络系统的基本术语有哪些？

引导问题4：汽车车载网络系统可以分为哪几类？

引导问题5：汽车车载网络系统的通信协议有哪些？

3. 任务准备

1）制订计划

（1）根据任务内容制订工作计划，并将其填入表1-3中。

表1-3 工作计划

序号	工作计划	负责人

（2）列出完成工作计划所需要的器材，并将其填入表1-4中。

表1-4 器材清单

序号	名称	型号	规格	数量	备注

班级 _____ 姓名 _____ 学号 _____

2) 进行决策

（1）各小组成员针对各自的工作计划展开讨论，并选出最佳的工作计划。

（2）老师对各小组的工作计划给出评价。

（3）各小组成员根据老师的评价对工作计划进行调整。

（4）调整合格后的工作计划即为最终任务实施方案。

4. 任务实施

根据最终任务实施方案展开活动。按实际操作过程，将实施内容、遇到的问题及解决办法等记录于表1-5中。

表1-5 任务实施

序号	实施内容	遇到的问题及解决办法

5. 课堂小结

_____
_____
_____
_____
_____

1.1.1 汽车车载网络系统的发展背景

20世纪50年代，汽车上基本采用没有电子设备的机械系统。随着汽车电子技术的发展，汽车上开始采用汽车电脑控制系统，它是汽车控制系统的核心，在硬件结构上一般可分为传感器、电控单元和执行器三部分。电控单元是将中央处理器（central processing unit, CPU）、存储器、定时器/计数器、输入/输出接口等计算机元件集成在一块芯片上的微型计算机，其主要组成部分是单片机。

在早期的汽车单片机控制时代，汽车只安装了一个电控单元，其容量少，汽车电脑控制系统的传感器、电控单元和执行器之间的连接线束数量不多，分布比较简单，如图1-1（a）所示。

随着汽车电子化程度的提高，其功能也越来越复杂，汽车上电控单元的数量开始不断增多，如图1-1（b）所示。此时，如果仍采用常规的布线方式，即每一个电控单元都需要与多个传感器、执行器之间通信，则会导致汽车上的线束数量急剧增加。庞大的线束和错综复杂的布线会增加汽车的故障率，大大降低汽车的可靠性，同时增加汽车检修的难度。为了简化线路，提高电控单元之间的通信速度，降低故障率，一种新的汽车信息传输系统——汽车车载网络系统应运而生。

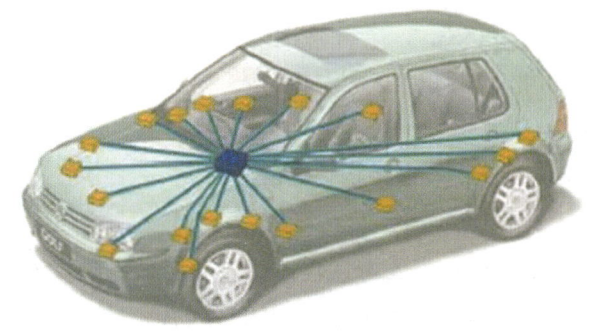
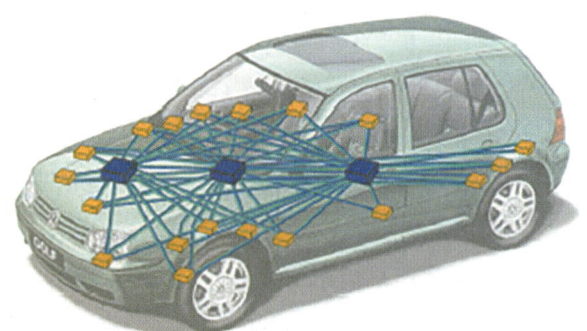

（a）只有一个电控单元　　　　　　　　　　　（b）有三个电控单元

图1-1　汽车内部的线束分布

与传统的汽车通信系统相比，汽车车载网络系统只需要一根或两根数据传输总线就可以传输多个信号。也就是说，一辆汽车不管有多少个电控单元，每个电控单元只需要引出一根或两根数据传输总线共同接在一个或两个节点上即可传输信号，如图1-2所示。这有效地减少了汽车通信线束的数量，实现了各个控制系统之间的高速通信、协调控制、资源共享。

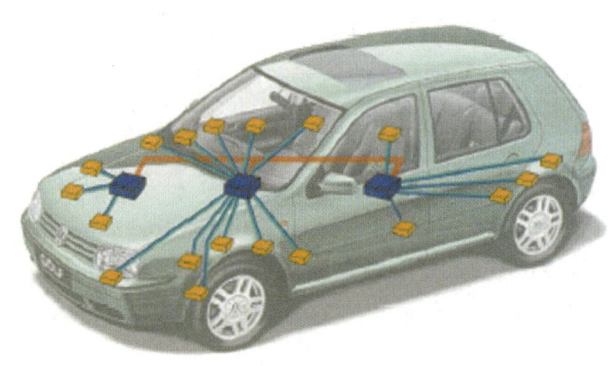

图1-2　汽车车载网络系统

在传统的汽车通信系统中，通信的信号之间为平行关系，且没有关联，每个信号都有专属的通信线路，因此传输多个信号就需要多根线，这种传输方式称为并行传输。而汽车车载网络系统中的信号通过数据传输总线依次传输，传输多个信号只需要一根或两根线，这种传输方式称为串行传输。串行传输的信号为二进制数字信号，电控单元会将数字信号赋值为0或1。如图1-3所示为两种传输方式的对比。

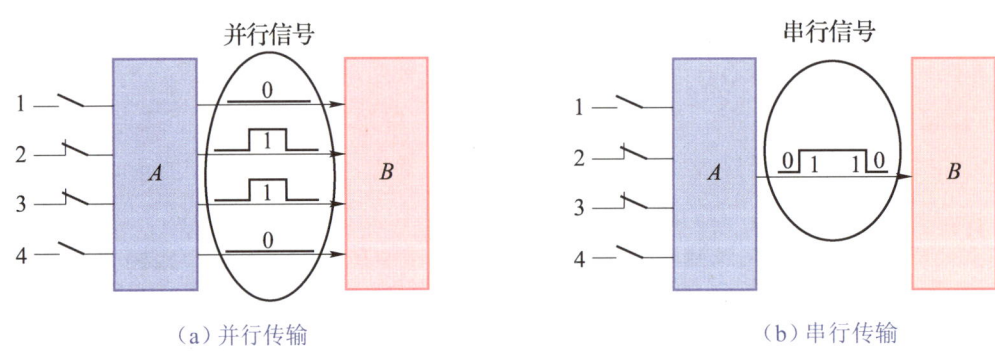

图1-3　两种传输方式的对比

1.1.2　汽车车载网络系统的功能、特点和基本术语

1. 汽车车载网络系统的功能

汽车车载网络系统主要具有多路传输、唤醒和休眠、失效保护及故障自诊断等功能。

1）多路传输功能

多路传输功能是指不同设备通过同一传输通道传输数据。当汽车车载网络系统工作时，各种操作开关的输入指令或传感器检测到的各种信息通过CPU转换成数字信号，数字信号以串行的方式通过数据传输总线传输给执行器，执行器将该数字信号转换成执行指令并执行相应的动作。

2）唤醒和休眠功能

唤醒和休眠功能用于减少断开点火开关时蓄电池的额外能量消耗。当关闭点火开关时，汽车车载网络系统将进入休眠状态，系统将停止传输信号，各电控单元也将进入休眠状态，以节约蓄电池的电能；当闭合点火开关时，处于休眠状态的电控单元将被唤醒，并开始工作，同时发出唤醒信号，并将该信号通过数据传输总线传输给其他电控单元。

3）失效保护功能

失效保护功能主要包括硬件失效保护功能和软件失效保护功能。当汽车车载网络系统的CPU发生故障时，硬件失效保护功能可使其仍输出固定的信号，以确保汽车继续行驶；当汽车车载网络系统的某电控单元发生故障时，软件失效保护功能可使其他电控单元不受影响，以保证汽车车载网络系统继续工作。

4）故障自诊断功能

故障自诊断功能包括汽车车载网络系统的自诊断模式和各系统输入线路的故障诊断模式。汽车车载网络系统通过该功能既可对自身的故障进行诊断，又可以对其他系统的故障进行诊断。

项目 1　汽车车载网络系统概述

如今，随着人们对汽车的要求越来越高，汽车车载网络系统的功能也越来越丰富，除上述功能外，汽车车载网络系统还具有哪些功能？

✎ 笔记 _____
_____
_____
_____

2. 汽车车载网络系统的特点

汽车车载网络系统简化了布线、降低了成本，同时提高了整车的可靠性、协调性和灵活性，方便检修，便于后续开发，还提高了控制的实时性和精度。

1）简化了布线、降低了成本

汽车车载网络系统用一根或两根数据传输总线代替了多根线，减少了线的数量和体积，简化了布线，也降低了线路的成本。

2）提高了整车的可靠性

汽车车载网络系统减少了线束的数量和线路的连接点，所以信号传输的可靠性得以提高，同时整车运行的可靠性也有所提高。

3）提高了整车的协调性和灵活性

汽车车载网络系统通过网络结构的形式将汽车各系统紧密连接，达到了数据共享的目的，从而提高了整车的协调性。此外，汽车车载网络系统通过更新软件即可完成升级，提高了整车性能提升的灵活性。

4）方便检修

汽车车载网络系统采用通用的故障诊断接口，利用汽车检测仪即可对系统进行测试与诊断，方便检修人员进行检修。

5）便于后续开发

汽车车载网络系统采用开放式车载网络技术，为后续技术的开发留有充足的余地。随着技术的进步，新开发的内容可以很方便地融入已有的汽车车载网络系统之中，而不必对现有的汽车车载网络系统进行太大的改动。

6）提高了控制的实时性和精度

汽车车载网络系统实现了电控单元与执行器的就近安装、一体化安装，节省了安装空间，提高了控制的实时性和精度。

3. 汽车车载网络系统的基本术语

汽车车载网络系统涉及许多基本术语，其中常用的有汽车车载网络、数据传输总线、现场总线、模块、节点、链路、多路传输、网关、通信协议、传输仲裁、位速率等。

1）汽车车载网络

汽车车载网络是一种局域网，它能够以最少的线路连接多个电控单元，并在各电控单元之间传输数据信息，以实现信息交换与共享。

> **汽车小贴士**
>
> 局域网是指在某一区域内由多台计算机互联而成的计算机组或网络。一般，这个区域具有特定的职能，通过局域网可实现资源共享和信息通信，例如，可实现文件管理、应用软件共享、打印机共享、电子邮件通信服务和传真通信服务等功能。

2）数据传输总线

数据传输总线是电控单元之间传输数据的通道，即所谓的信息高速公路，如图1-4所示。数据传输总线能使其所传输的信号被多个电控单元共享，从而最大限度地提高汽车车载网络系统的工作效率，有利于有限资源的充分利用。

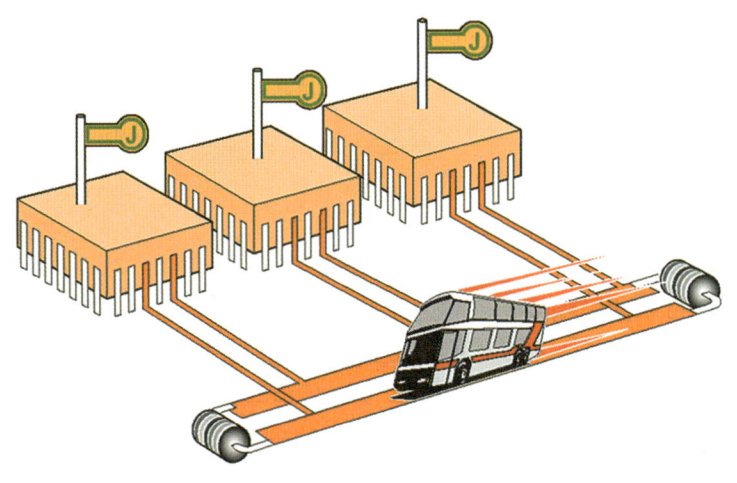

图1-4 数据传输总线示意图

3）现场总线

现场总线是一种工业数据传输总线，它主要解决工业现场的智能化仪器仪表、控制器、执行器等部件间的数字通信以及这些部件和控制系统之间的信息传输问题。现场总线具有简单、可靠、经济实用等优点，其应用十分广泛。

4）模块与节点

模块是一种电子装置，简单的如压力传感器，复杂的如计算机（微处理器）。汽车内的传感器便是常见的模块，该模块可以根据温度、压力等不同的输入信号产生不同的电压或电流信号，这些电压或电流信号在电控单元的输入接口被处理成数字信号。

在汽车车载网络系统中,一些简单的模块称为节点,如发动机电控单元、大众车系的转角传感器(汽车内的传感器只有具备支持多路传输功能的条件才可以作为节点)。

5)链路

链路是指汽车车载网络系统中信息的传输媒介,分为有线和无线两种类型。目前汽车车载网络系统的链路大多数是有线的,常见的链路有双绞线、同轴电缆和光导纤维。

(1)双绞线。

双绞线由两根具有绝缘保护层的铜导线组成,是局域网中最常见的链路,如图1-5所示。双绞线一般用于低速传输,其制作成本较低,传输距离较近,非常适合汽车车载网络系统这种短距离传输的情况,因而在汽车中应用非常广泛。

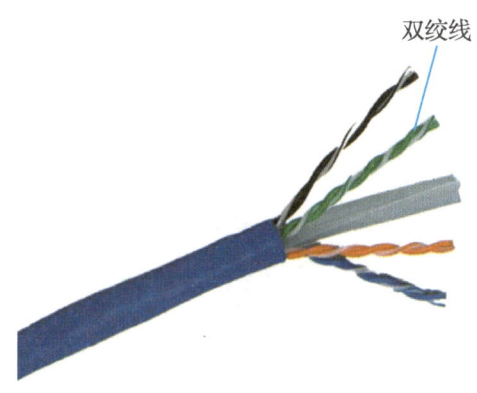

图1-5 双绞线

(2)同轴电缆。

同轴电缆和双绞线一样,也是由两根导线组成,但其结构不同。同轴电缆主要由一个空心的圆柱面外导线包着一个线形的内导线组成,其外导线一般为金属编织网,内导线为多股金属丝。均匀排列的绝缘环或绝缘材料将内导线固定在合适的位置,绝缘护套将外导线覆盖。同轴电缆的结构如图1-6所示。

图1-6 同轴电缆的结构

与双绞线相比,同轴电缆可以满足更高性能的要求,它可以连接更多的设备,传输更长的距离。同时,同轴电缆有着更优越的频率特性,它不但可以传输频率更高的模拟信号和数字信号,而且具有更高的数据传输速率。

(3)光导纤维。

光导纤维简称光纤,是一种由玻璃或塑料制成的纤维,具有传输容量大、损耗低、线径细、质量小、不受电磁干扰等优点,适合作为近程、中程和远程的链路。受成本和技术的限制,光纤在汽车车载网络系统中的应用并不多,主要集中在一些对传输速率要求较高的场合,如车载雷达、车载多媒体等的信息传输。

6）多路传输

多路传输是指在同一通道或线路上同时传输多条数据信息。事实上数据信息是依次传输的，但其传输速率非常快，看起来就像多路同时传输的一样。由于多路传输可以通过一根线（数据传输总线）传输多个指令，因此汽车车载网络系统可以挂接多个功能装置。

7）网关

网关是汽车车载网络系统的数据交互枢纽，可以使汽车上的各数据传输总线、模块和网络之间进行信息共享和传输，并且使这些信息传输不产生冲突，实现无差错传输。网关与电控单元的连接示意图如图1-7所示。

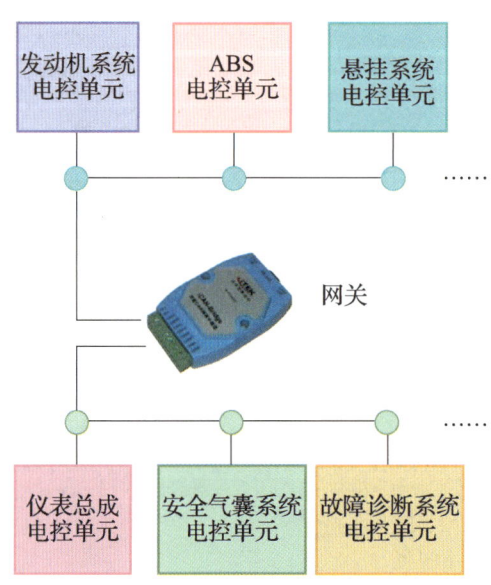

图1-7　网关与电控单元的连接示意图

网关工作的好坏决定了各数据传输总线、模块和网络之间通信的好坏，网关的工作主要分为三部分，第一部分是接收并读取信息，第二部分是翻译信息，第三部分是将翻译后的信息发送出去。

8）通信协议

两个模块之间要成功地通信，必须"说同样的语言"，并遵从既定控制法则来保证彼此相互的配合。具体来说，在通信内容、通信方式及通信时间等方面，模块之间要遵从相互可以接受的约定和规则，这些约定和规则的集合称为通信协议。

9）传输仲裁

当多个使用者同时申请利用数据传输总线发送信息时，汽车车载网络系统便会发生数据传输冲突。传输仲裁可以避免数据传输冲突，并使数据按重要程度逐个发送，以保证汽车车载网络系统的正常运转。

10）位速率

位速率也称为比特率，是指单位时间内可以传输数据的多少，单位为b/s。位速率越高，单位时间内传输的数据量越大。

1.1.3 汽车车载网络系统的分类

1. 按网络的拓扑结构分类

节点与节点之间数据传输总线的连接方式称为拓扑结构。在汽车车载网络系统中,拓扑结构主要有总线形拓扑结构、星形拓扑结构和环形拓扑结构3种。

1)总线形拓扑结构

总线形拓扑结构是将网络中的各个节点用一根数据传输总线连接起来形成的网络结构,如图1-8所示。该拓扑结构中的数据传输总线一般采用同轴电缆或双绞线,具有双向传输信息的功能。任何一个节点发出的信息都可沿数据传输总线传输,并被数据传输总线上其他任何一个节点接收。

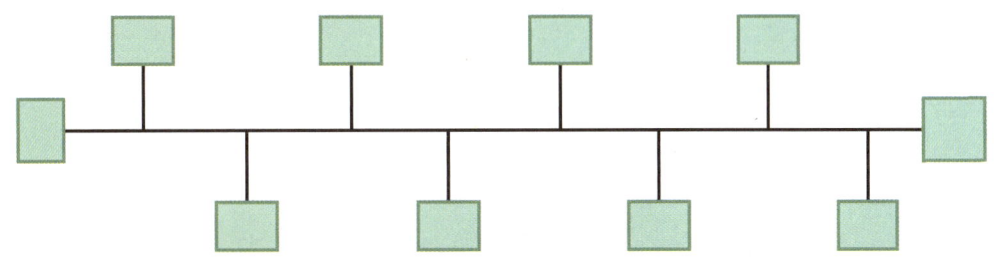

图1-8 总线形拓扑结构

总线形拓扑结构的特点主要有安装简单,扩充或删除节点容易,不需要停止网络的正常工作,且某个节点发生故障不会影响整个网络的运行;由于各个节点共用一根数据传输总线,因此通信介质的利用率高;因为通信介质共享,所以网络延伸的距离和节点的数量是有限的;数据传输总线自身的故障可导致整个网络崩溃。

2)星形拓扑结构

星形拓扑结构由主节点与从节点组成,从节点通过点到点的方式连接到主节点,它是一种辐射式的网络结构,如图1-9所示。在星形拓扑结构中,主节点接收并处理从各个从节点传输过来的数据,再向各个从节点发出指令。

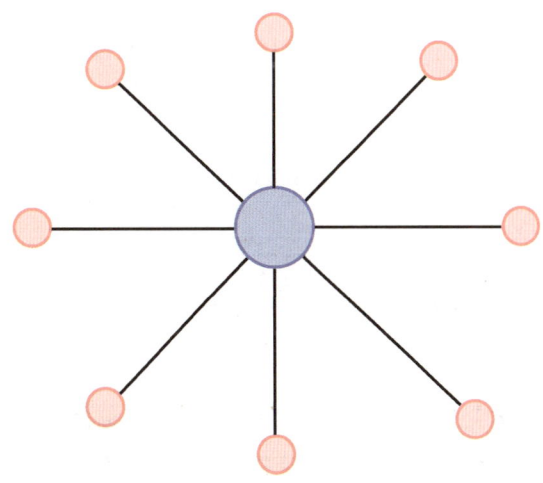

图1-9 星形拓扑结构

星形拓扑结构的特点：结构简单，安装容易，成本低，便于维护和管理；主节点负载重，从节点扩充困难；主节点可以直接与从节点通信，而从节点必须通过主节点才可以与其他从节点通信，通信介质利用率较低。

3）环形拓扑结构

环形拓扑结构是将节点连成环形，依次进行数据传输的网络结构，如图1-10所示。数据可在各节点进行中转，直至到达需要接收数据的节点才停止传输。环形拓扑结构中的数据传输是单向的，即沿一个方向从一个节点传到另一个节点，每个节点均需要安装中继器，以接收、放大和发送信号。

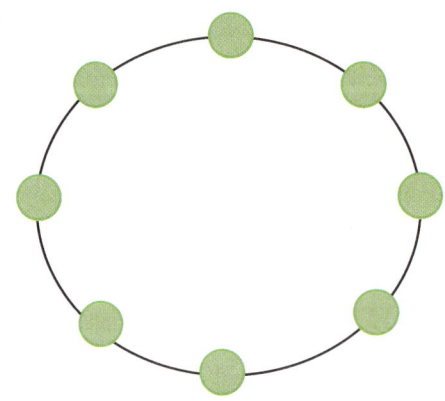

图1-10 环形拓扑结构

环形拓扑结构的特点：结构简单，建网容易，便于管理；当节点过多时，数据传输效率将会降低，不利于扩充；当某个节点发生故障时，整个网络将无法正常工作。

2. 按联网范围和控制能力分类

汽车车载网络系统按照联网范围和控制能力的不同可分为主总线系统和子总线系统两大类。

1）主总线系统

主总线系统负责跨系统的数据交换，主要有D（消息）总线系统、CAN（控制器局域网）总线系统、Byteflight总线系统和MOST（面向媒体的系统传输）总线系统等，其相关参数如表1-6所示。

表1-6 主总线系统的相关参数

主总线系统	D总线系统	CAN总线系统	Byteflight总线系统	MOST总线系统
数据传输速率（kb/s）	10.5～115.0	100.0	10.0×10^3	22.5×10^3
总线拓扑结构	总线形	总线形	星形	环形
通信介质	铜质导线	铜质导线	铜质导线	铜质导线

2）子总线系统

子总线系统负责系统内的数据交换，子总线系统主要有K诊断总线系统、BSD（位串行数据接口）总线系统、DWA（防盗报警）总线系统和LIN（局部连接网络）总线系统等，其相关参数如表1-7所示。

表1-7　子总线系统的相关参数

子总线系统	K诊断总线系统	BSD总线系统	DWA总线系统	LIN总线系统
数据传输速率（kb/s）	9.6	9.6	9.6	9.6～20.0
总线拓扑结构	总线形	总线形	总线形	总线形
通信介质	铜质导线	铜质导线	铜质导线	铜质导线

汽车小贴士

后续项目主要介绍常见的几类总线系统，包括CAN总线系统、LIN总线系统、MOST总线系统和其他总线系统（如Byteflight总线系统等）。

3. 按数据传输速率分类

按数据传输速率不同，汽车车载网络系统分为A、B、C、D、E 5类。

A类汽车车载网络系统是面向传感器、执行器控制的低速网络系统，其数据传输速率通常小于20 kb/s，例如，后视镜调整，电动车窗升降、灯光照明等的控制采用的就是该类网络系统。

B类汽车车载网络系统是面向独立模块间数据共享的中速网络系统，其数据传输速率一般为10～125 kb/s。例如，车身电子舒适性、仪表显示等模块之间的通信采用的就是该类网络系统。

C类汽车车载网络系统是面向高速、实时闭环控制的多路传输网络系统，其数据传输速率一般为125 kb/s～1 Mb/s。例如，牵引力驱动防滑控制、发动机控制、防抱死刹车控制等采用的就是该类网络系统。

D类汽车车载网络系统是面向多媒体信息的高速网络系统，其数据传输速率一般为1～100 Mb/s。例如，车载视频、音频、导航信息等数据的传输采用的就是该类网络系统。

E类汽车车载网络系统是面向乘员安全的高速、实时网络系统，其数据传输速率在10 Mb/s以上，主要用于汽车被动安全领域。

4. 按应用系统分类

按应用系统的不同，汽车车载网络系统大致可划分为4个系统：动力传动系统、车身系统、安全系统和信息系统。

1）动力传动系统

动力传动系统通过汽车车载网络将发动机舱内控制车辆行驶、停止与转弯等的模块连接起来。动力传动系统的模块位置比较集中，且该系统对节点的数量有一定的限制。在动力传动系统中，数据传输应尽可能快，以便各个模块及时做出响应，所以动力传动系统需要采用高速网络，并且需要一个高性能的发送器来加快数据传输。

2）车身系统

与动力传动系统相比，车身系统遍布汽车各处，故该系统线束长，容易受到干扰。为了防止干扰，车身系统采用了相对较低的数据传输速率；但为了保证通信不受影响，车身系统增加了节点的数量。

3）安全系统

安全系统主要是指安全气囊系统，是根据多个传感器的信息使安全气囊启动的控制系统。该系统由于关系着车内人员的生命安全，因此必须具备通信速度快、通信可靠性高等特点。

4）信息系统

信息系统是一种能够使驾驶员在行驶过程中，通过车载电子设备及时了解汽车运行状况和外界信息的系统，其需要较大的通信容量和较快的通信速度，采用的通信介质一般为光纤。

1.1.4 汽车车载网络系统的通信协议

在汽车车载网络系统中，模块之间通过数据传输总线通信时，通信双方需要满足一定的规则才能正常交换信息，这些规则就称为通信协议。

1. 通信协议的主要内容

通信协议的主要内容包括以下几点。

（1）各模块不分主从，根据规定的优先规则相互传输信息，且都知道该接收什么信息。

（2）一个模块是主模块，其他模块为从属模块，根据规定的优先规则，主模块决定哪个从属模块发送信息及何时发送信息。

（3）所有的模块都像旋转木马上的骑马人，绕着一个有信息挂环的圆圈旋转。当模块在旋转的过程中接收到有用的信息后，它便抓住挂环，并挂上这条信息，任何一个需要这条信息的模块都可以从挂环上取下这条信息。

（4）通信协议中有一个仲裁系统，这个系统通常会按照每条信息的数字拼法为各数据的传输设定优先规则。例如，以1结尾的数字信息要比以0结尾的有优先权。

2. 通信协议的三要素

通信协议的三要素分别是语法、语义和定时规则。

1）语法

语法确定通信双方之间"如何讲"，由逻辑说明构成。它会对信息或报文（数据段）中各字段进行格式化，说明报头（数据的开头）字段、命令和应答的结构。

2）语义

语义确定通信双方之间"讲什么"，由过程说明构成。语义会对发布请求、执行动作及返回应答予以解释，并确定用于协调和处理差错的控制信息。

3）定时规则

定时规则确定各数据的通信时间，即明确数据的通信顺序，并对数据进行速度匹配、排序。

3. 通信协议的功能

通信协议具有针对性和目的性，各通信协议的功能也都不一样，但是大多数通信协议都具有以下公共功能。

1）差错检测和纠正

面向通信传输的通信协议通常采用应答-重发、循环冗余检验、软件检查等方法进行差错的检测和纠正；面向应用的通信协议通常采用重新同步、恢复及托付等方法进行差错的检测和纠正。

2）分块和重装

通信协议对要进行传输或交换数据的格式有一定要求，数据只有经过加工处理，达到通信协议要求的格式，才可以进行传输或交换，分块和重装就是常用的数据加工处理操作。分块操作是将大块的数据划分成若干小块数据，例如，将报文划分成几个报文分组；重装操作则是将划分后的若干小块数据重新组合为原数据，例如，将划分后的几个报文分组还原成报文。

3）排序

排序是对输出的数据进行编号，以标识它们的顺序，这样可以实现按序传输，达到信息流量控制和差错控制等目的。

4）流量控制

流量控制是通过限制发送的数据量或速率，来防止数据在信息通信中出现堵塞现象。

4．通信协议标准

通信协议标准主要有A类、B类、C类、D类、E类和诊断总线6种。

1）A类网络标准

目前还在使用的A类网络标准主要有LIN协议、TTP/A协议、BEAN协议等。

（1）LIN协议是用于汽车分布式电控系统的一种低成本串行通信协议，LIN总线系统采用UART的数据格式和单线电压为12 V的主从结构，主要用于智能传感器和执行器的串行通信。

知识链接

> 通用异步收发器（universal asynchronous receiver/transmitter, UART）是一种广泛应用的短距离串行传输接口，其功能是将并行数据转变为串行数据并发送或者将接收到的串行数据转变为并行数据。

（2）TTP/A协议是时间触发型A类网络标准，主要用于集成了智能变换器的实时现场总线。采用该协议的总线系统具有标准的UART，能自动识别主模块与从属模块，并使它们在某段已知的时间内触发通信，但不具备内部容错功能。

汽车小贴士

> 容错功能：系统在运行过程中发生故障时，能够自动进行检测与诊断，并采取相应措施，以维持系统正常工作的功能。

（3）BEAN（body electronic area network，车身电子局域网络）是丰田汽车专用的双向通信网络。BEAN协议是多路转换通信协议，用于规定控制电气或电子设备电控单元之间的数据传输。采用该协议的总线系统由仪表板BEAN系统、转向柱BEAN系统和车门BEAN系统组成。

2）B类网络标准

目前应用较多的B类网络标准有三种：低速CAN协议（ISO 11519-2协议）、VAN协议和J1850协议，它们的性能比较如表1-8所示。

表1-8 三种B类网络标准的性能比较

总线协议名称	低速CAN协议（ISO 11519-2协议）	VAN协议	J1850协议	
传输介质	双绞线	双绞线	单线	双绞线
通信速率（kb/s）	10～125	125	10.4	41.6
数据长度	0～8个字节	28个字节	0～8个字节	
节点成本	中	低	低	

（1）低速CAN协议是为解决汽车电控单元之间、电控单元与测试仪器之间数据交换问题，而开发的一种串行数据通信协议。低速CAN总线系统是一种多主总线系统，具有多种容错功能，一般用于车身电子控制。作为汽车车载网络系统的主流网络标准，低速CAN协议的可靠性、实时性和灵活性比其他两种B类网络标准更突出。

（2）VAN协议是一种只需要中等通信速率的协议，主要用于汽车车身电气设备的控制。采用该协议的总线系统受环境温度、电磁干扰和振动等外界因素的影响小，因而具有较强的可靠性、实时性和灵活性，是适用于现场总线的实时控制系统。

（3）J1850协议可满足汽车车载网络系统检修和数据共享的通用性和设计规范的标准化。由于低速CAN协议具有一定的优越性，J1850协议正在逐渐被低速CAN协议代替。

3）C类网络标准

C类网络标准有高速CAN协议（ISO 11898协议）、FlexRay协议和TTP/C协议三种，其性能比较如表1-9所示。

表1-9 三种C类网络标准的性能比较

总线协议名称	高速CAN协议（ISO 11898协议）	FlexRay协议	TTP/C协议
信息传输方式	异步	异步或同步	同步
通信速率（Mb/s）	1	10	25
数据长度	0～8个字节	0～250个字节	0～236个字节

（1）高速CAN协议是应用最广泛的高速网络协议。采用该协议的总线系统是一种事件驱动型总线系统，支持多节点连接和错误检查机制等，适用于高速、远距离通信网络。该总线系统的缺点是无法达到某些汽车车载网络系统所要求的容错功能或带宽（单位时间内通过链路的数据量）。

（2）FlexRay协议是由多家汽车公司共同制定的功能强大的网络标准。采用该协议的总线系统具有容错功能和确定的通信传输时间，支持事件触发与时间触发通信，具备高速通信的能力。

（3）TTP/C协议是一种应用于分布式实时控制系统的完整网络标准。采用该协议的总线系统支持多种容错功能和错误检查机制，提供容错的时间同步功能，同时还提供节点的恢复和再整合功能，支持时间和事件触发的数据传输。

 汽车小贴士

> 事件触发：事件不按照特殊时序发生，控制信号依照一个安排好的时序依次产生。
> 时间触发：事件会按照在系统内部的某个时序依次发生，控制信号的产生在时间上不可预测。

4）D类网络标准

常见的几种D类网络标准的性能比较如表1-10所示。

表1-10 常见的几种D类网络标准的性能比较

总线协议名称	IDB-C协议	D2B协议		MOST协议	IDB-M协议	蓝牙协议
		Cipper协议	Optical协议			
传输介质	双绞线	双绞线	光纤	光纤	屏蔽双绞线（加屏蔽层）	无
通信速率	250 kb/s	29.8 kb/s	12 Mb/s	25 Mb/s	98～393 Mb/s	1 Mb/s
类别	低速	高速	高速	高速	高速	无线

D类网络标准分为低速、高速和无线三种类型。

采用低速网络标准的总线系统主要用于控制信息、操作指令、诊断信息以及通用信息的传输，其通信速率为250 kb/s。由于成本较低，早期的汽车多媒体网络多采用该总线系统，一般不传输媒体信息，主要传输指令信息。

采用高速网络标准的总线系统主要用于实时的数字音频和视频信息的传输（如MP3、DVD和CD等的播放），使用的链路是光纤。

无线网络标准是一种无线数据与语音通信的开放性全球规范。例如，蓝牙协议就是一种无线网络标准。采用该协议的车载蓝牙系统以低成本的近距离无线连接为基础，通过无线电波为固定设备与移动设备的通信建立连接。

5）E类网络标准

常见的E类网络标准为Byteflight协议。采用该协议的总线系统具有数据传输速率快、数据传输距离远等优点，主要用于汽车安全系统。其结构能够保证高优先级信息在一段固定时间内传输，而允许低优先级信息使用其余时间传输。

6）诊断总线网络标准

汽车在发生故障时需要使用诊断总线进行故障自诊断，因此诊断总线的数据传输也需要依据相应的网络标准。目前，关于汽车诊断总线的网络标准主要有OBD-Ⅱ（第二代汽车车载诊断系统）协议、CAN诊断总线协议。

OBD-Ⅱ协议使汽车检修更加方便，该协议为各汽车厂家提供统一的诊断模式、故障代码、自检测试模式等，简化了各汽车车载网络系统的检修过程。

CAN诊断总线协议主要有J2480协议、1SO 15765协议等。由于这些协议规定了采用CAN诊断总线来传输故障信息，因此需要使用专用的CAN故障诊断接口。

实践操作1.1——认识汽车车载网络系统

1. 情景描述

某汽车维修厂接收了几辆待保养的汽车，这几辆汽车的车载网络系统各有特点。为了让学徒小张了解更多关于汽车车载网络系统的相关知识，王师傅趁此机会向他介绍了常见汽车车载网络系统在汽车上的应用。在介绍过程中，小张做了详细的记录。

扫一扫

认识汽车车载网络系统

2. 准备工作

（1）工具设备：拆装专用工具和设备、人员安全防护用品（绝缘手套、绝缘鞋、护目镜、安全帽、绝缘垫）。

（2）实训汽车型号：吉利帝豪EV450、一汽大众ID.4 CROZZ、奥迪A6L。

（3）辅助资料：检修手册、汽车电路图手册、教材。

3. 操作步骤

（1）认识CAN总线系统，并记录其在汽车上的应用。如图1-11所示为高速CAN总线系统用于控制汽车发动机；如图1-12所示为低速CAN总线系统用于控制汽车空调系统。

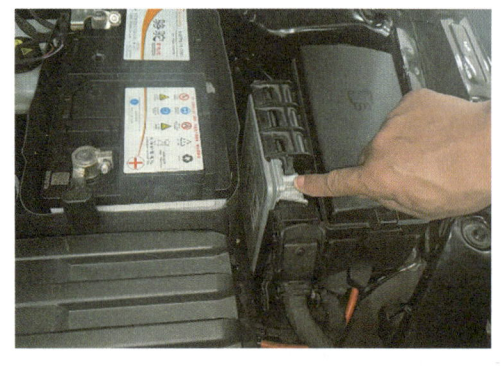
图1-11　高速CAN总线系统用于控制汽车发动机

图1-12　低速CAN总线系统用于控制汽车空调系统

（2）认识LIN总线系统，并记录其在汽车上的应用。如图1-13所示为LIN总线系统用于控制雨刮器。

（3）认识MOST总线系统，并记录其在汽车上的应用。如图1-14所示为MOST总线系统用于控制汽车车载影音娱乐系统。

项目 1　汽车车载网络系统概述

图 1-13　LIN 总线系统用于控制雨刮器

图 1-14　MOST 总线系统用于控制汽车车载影音娱乐系统

（4）认识 VAN 总线系统，并记录其在汽车上的应用。如图 1-15 所示为 VAN 总线系统用于控制电动车窗的升降。

（5）认识车载蓝牙系统，并记录其在汽车上的应用。如图 1-16 所示为车载蓝牙总线系统用于控制汽车音响。

图 1-15　VAN 总线系统用于控制电动车窗的升降

图 1-16　车载蓝牙系统用于控制汽车音响

任务1.2 熟悉汽车车载网络系统检修的相关知识

任务引入

当汽车车载网络系统发生故障时,检修人员需要对其进行检修。正确地选取和使用各种检修仪器,并采取正确的检修方法,对提高检修作业效率、保障设备完整及确保人身安全来说是十分重要的。一天,小王想用万用表对汽车车载网络系统进行检修,但是他不知道如何使用该仪器,于是向旁边的张师傅请教,最终学会了万用表的使用方法,成功找到了发生故障的部位,并对该部位进行了检修。

请大家思考:除了万用表,还有哪些常见的汽车车载网络系统检修仪器呢?如何对发生故障的汽车车载网络系统进行检修呢?本任务的知识与技能要求如表1-11所示。

表1-11 知识与技能要求

任务内容	熟悉汽车车载网络系统检修的相关知识	学习程度		
		识记	理解	应用
学习任务	汽车车载网络系统的常用检修仪器	●		
	汽车车载网络系统的常见故障类型和检修方法		●	
实训任务	使用汽车车载网络系统的常用检修仪器进行检修			●
自我勉励				

班级 _____ 姓名 _____ 学号 _____

任务工单1.2——熟悉汽车车载网络系统检修的相关知识

1. 学生分组

以3～5人为一组，选出组长并进行任务分工，将小组概况及分工情况填入表1-12中。

表1-12 小组概况及分工情况

班级：　　　　　　　　组号：　　　　　　　　指导老师：

小组成员	姓名	学号	任务分工
组长			
组员			

2. 获取信息

在进行实践操作前，需要掌握汽车车载网络系统检修的相关知识。请各组组长组织组员收集相关资料，回答下列问题。

引导问题1：汽车车载网络系统的常用检修仪器有哪些？

班级 _____　　姓名 _____　　学号 _____

引导问题2：汽车车载网络系统的常见故障类型有哪些？

引导问题3：汽车车载网络系统的常见检修方法有哪些？

班级 _____　　　姓名 _____　　　学号 _____

3. 任务准备

1）制订计划

(1) 根据任务内容制订工作计划，并将其填入表1-13中。

表1-13　工作计划

序号	工作计划	负责人

(2) 列出完成工作计划所需要的器材，并将其填入表1-14中。

表1-14　器材清单

序号	名称	型号	规格	数量	备注

2）进行决策

(1) 各小组成员针对各自的工作计划展开讨论，并选出最佳的工作计划。
(2) 老师对各小组的工作计划给出评价。
(3) 各小组成员根据老师的评价对工作计划进行调整。
(4) 调整合格后的工作计划即为最终任务实施方案。

4. 任务实施

根据最终任务实施方案展开活动。按实际操作过程，将实施内容、遇到的问题及解决办法等记录于表1-15中。

班级 _____ 姓名 _____ 学号 _____

表1-15 任务实施

序号	实施内容	遇到的问题及解决办法

5. 课堂小结

_____
_____
_____
_____
_____
_____

1.2.1 汽车车载网络系统的常用检修仪器

汽车车载网络系统的常用检修仪器有万用表、示波器和汽车检测仪。

1. 万用表

万用表是万用电表的简称,是一种最常用的电子检测仪器。按工作原理的不同,万用表一般分为指针式和数字式两种。在对汽车车载网络系统进行检修时,检修人员大多使用数字式万用表,它由液晶显示屏、挡位选择开关和各种插孔等组成,如图1-17所示。下面对数字式万用表进行重点介绍。

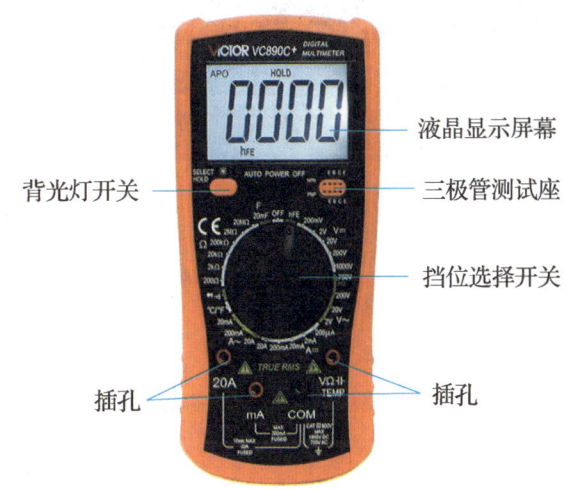

图1-17 数字式万用表

1)数字式万用表的基本功能

数字式万用表的功能较多,它不但可用来测直流电压、直流电流、交流电压和电阻等简单的参数,还可用来测交流电流、电感、电容、音频电压、晶体管放大倍数等较为复杂的参数。此外,数字式万用表还具有信号频率检测、发动机转速检测、脉宽检测、温度检测、占空比检测等汽车电路检测功能。

2)数字式万用表的使用

使用数字式万用表对汽车车载网络系统的电路进行检测时,必须遵循以下基本原则。

(1)检测电压时,必须使数字式万用表与电路并联。

(2)检测电流时,必须使数字式万用表与电路串联。

(3)必须在断路状态下检测电阻、二极管,且不得带电检测。

(4)检测时,应根据检测项目及数据大小选择适当的挡位、量程和插孔。

2. 示波器

如图1-18所示,示波器作为一种电子检测仪器,可以把看不见的电信号转换成看得见的图形,以便人们研究各种电信号的变化过程,其显示的电信号比万用表更准确、更形象。在对汽车车载网络系统进行检修时,检修人员一般通过示波器显示的图形分析故障原因。

图1-18 常用示波器

1）示波器的基本功能

示波器的基本功能具体如下。

（1）可以检测直流信号、交流信号的电压幅度。

（2）可以检测交流信号的周期，并以此计算出交流信号的频率。

（3）可以显示交流信号的波形。

（4）可以用两个通道分别进行信号检测。

（5）可以显示多个信号的波形，从而获取波形之间形状的差别或相位差。

2）示波器的使用

示波器的使用步骤主要包括以下几点。

（1）检查示波器的主机及其配件是否缺漏或损坏。

（2）对示波器进行调整和设置，主要包括调整扫描信号的位置和清晰度、设置示波器的工作方式等。

（3）按下电源按钮，启动示波器，并将示波器和信号发生器的各旋钮调到正常的使用位置，使显示屏上能够显示出便于观察的稳定波形。

（4）根据需要检测的项目（如电压、周期等），将信号发生器接到相应的输入端。

3．汽车检测仪

汽车检测仪是汽车车载网络系统检修必不可少的电子检测仪器。各车系汽车一般都有各自的专用汽车检测仪，如大众、奥迪车系的VAS505X汽车检测仪（见图1-19）、宝马车系的ISID汽车检测仪、标致雪铁龙车系的PPS汽车检测仪、通用车系的Tech2汽车检测仪等。

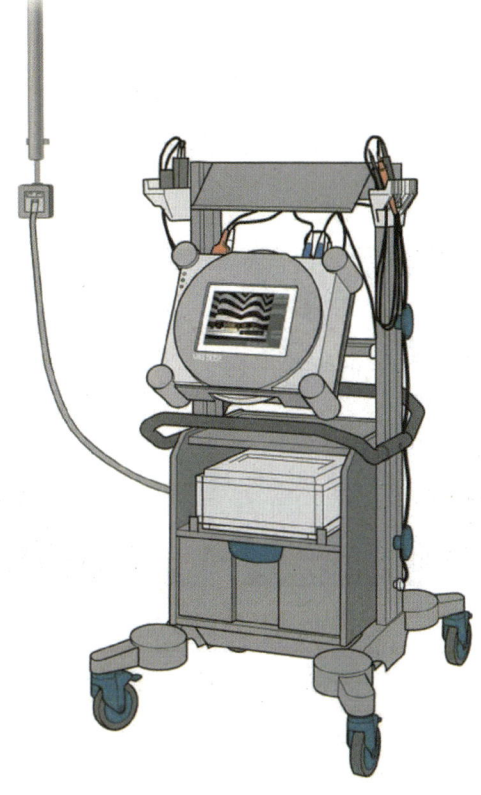

图1-19 VAS505X汽车检测仪

1）汽车检测仪的基本功能

汽车检测仪主要有以下基本功能。

（1）读取故障码、清除故障码、分析动态数据和检测执行器等功能。

（2）不同车系的汽车检测仪具有各自特定的专业功能，如自适应匹配、编码、传输汽车信号等。

（3）一些汽车检测仪在加装了专用的以太网网卡和相应软件后，还可以实现远程遥控诊断，如VAS5051汽车检测仪。远程遥控诊断能够让技术支持服务人员与检修人员同时看到汽车检测仪显示屏上的信息，共同进行相应操作，实现"远程专家会诊"。

随着互联网技术引进汽车车载网络系统检修中，汽车检测仪的功能也越来越强大，性能越来越稳定。除上述功能外，你还知道汽车检测仪的哪些功能？

笔记

2）汽车检测仪的使用

由于各车系汽车都使用各自的专用汽车检测仪进行检修，因此每个汽车检测仪的使用方法都不一样，下面主要介绍一下VAS5051汽车检测仪自诊断功能的使用步骤。

（1）通过合适的适配器（诊断接口转换器），使汽车检测仪与汽车车载网络系统相连，如图1-20所示。

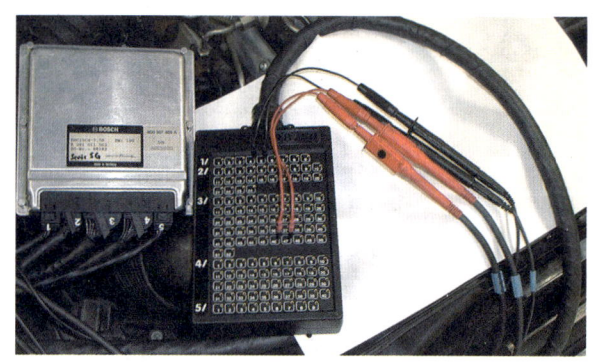

图1-20 适配器工作示意图

（2）按下汽车检测仪的启动按钮，使汽车检测仪启动。

（3）选择汽车发生故障的系统，并读取故障码。

（4）清除故障码。

此外，汽车检测仪还具有万用表、示波器的功能，可对汽车车载网络系统的直流电压、交流电压、电阻等进行检测。

1.2.2 汽车车载网络系统的常见故障类型和检修方法

1. 汽车车载网络系统的常见故障类型

一般来说，汽车车载网络系统常见故障类型主要有三种：一是电源故障，二是节点故障，三是链路故障。

1）电源故障

在汽车车载网络系统中，电控单元的正常工作电压一般在10.5～15 V范围内，如果汽车电源发生故障，其工作电压超出以上范围，一些对工作电压要求较高的电控单元将停止工作，进而整个汽车车载网络系统将无法正常通信。造成电源故障的原因主要是蓄电池、发电机、供电线路或熔断丝等元件发生故障。

2）节点故障

节点故障包括硬件故障和软件故障两种。

硬件故障一般是指电控单元内通信芯片或集成电路损坏导致电控单元无法工作，这种故障一般单独出现。一旦发生硬件故障，整个汽车车载网络系统将无法工作。

软件故障一般是指汽车车载网络系统的通信协议和软件程序有缺陷或冲突，导致该系统出现通信混乱而无法工作。例如，新更换的电控单元因为没有激活或匹配软件，而使汽车车载网络系统不能正常工作。软件故障一般成批出现，且发生软件故障的汽车车载网络系统无法修复。

项目1 汽车车载网络系统概述

3）链路故障

链路故障是指汽车车载网络信息传输的媒体出现故障，如短路、断路及线路因物理性质改变而引起的通信信号衰减或失真等。链路故障往往会使汽车车载网络系统出错或使多个电控单元无法正常工作。

2. 汽车车载网络系统的常见检修方法

1）发生电源故障的检修方法

当发生电源故障时，检修人员一般需要检查蓄电池的电压、发电机的工作情况、熔断丝的熔断情况、插接件的连接情况、搭铁处的连接情况等，若有异常，则进行相应的维修。

2）发生节点故障的检修方法

当发生节点故障时，汽车车载网络系统中的某些信号会消失，检修人员一般需要检测发送这些信号的电控单元是否有故障，若有故障，则对其进行检修。下面具体介绍发生硬件故障和软件故障的检修方法。

（1）发生硬件故障的检修方法。

硬件故障的检修方法主要有替换法和跨线法。替换法是将可能出现故障的电控单元进行替换，若汽车车载网络系统恢复正常，则表明替换的电控单元有问题，应对其进行检修。跨线法是用线将可能出现故障的电控单元跨掉来检测其是否有故障。跨掉后，若故障消失，则说明该电控单元有问题，需要维修；若故障依旧，则需要检修数据传输总线等。

（2）发生软件故障的检修方法。

当发生软件故障时，电控单元通常无法修复，需要直接更换。更换新的电控单元后，检修人员必须对其进行重新编码。电控单元的编码工作需要用专用的汽车检测仪，并按照菜单提示进行操作即可。

3）发生链路故障的检修方法

检修人员一般采用示波器或汽车检测仪等来检测当前数据信号是否与标准数据信号相符，来判定是否发生故障。当确认发生链路故障时，检修人员一般会逐一拔下电控单元的插头，对短路、断路的链路进行修复。

 实践操作1.2——使用汽车车载网络系统常用检修仪器进行检修

1. 情景描述

小张是某汽车维修厂新来的学徒。作为新人，小张首先要学会如何使用汽车车载网络系统的常用检修仪器。王师傅通过使用汽车检测仪、万用表和示波器检修一辆一汽大众ID.4 CROZZ汽车车载网络系统，来向小张演示各常用汽车检测仪器的使用方法。在检修过程中，小张做了如下记录。

扫一扫

使用汽车车载网络系统
常用检修仪器进行检修

2. 准备工作

（1）工具设备：汽车检测仪（见图1-21）、万用表（见图1-22）、示波器（见图1-23）、适配器（见图1-24）、拆装专用工具和设备、人员安全防护用品（绝缘手套、绝缘鞋、护目镜、安全帽、绝缘垫）。

图1-21 汽车检测仪

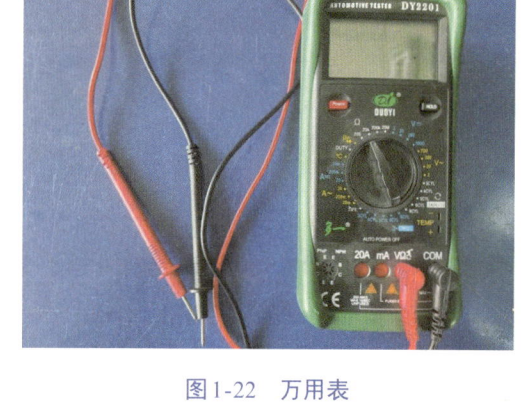

图1-22 万用表

图1-23 示波器

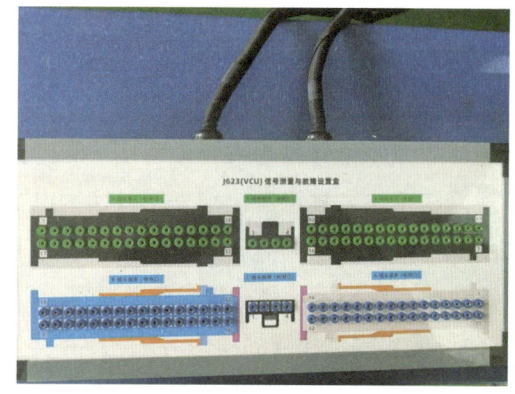

图1-24 适配器

（2）实训汽车型号：一汽大众ID.4 CROZZ，如图1-25所示。

图1-25 一汽大众ID.4 CROZZ

（3）辅助资料：检修手册、汽车电路图手册、教材。

3．操作步骤

（1）使用汽车检测仪进行检测，具体步骤如下。

① 连接并启动汽车检测仪，如图1-26所示。

② 选择要检测汽车的车型，如图1-27所示。

图1-26　连接并启动汽车检测仪

图1-27　选择要检测汽车的车型

③ 选择数据总线诊断接口，如图1-28所示。

④ 读取故障码，如图1-29所示。

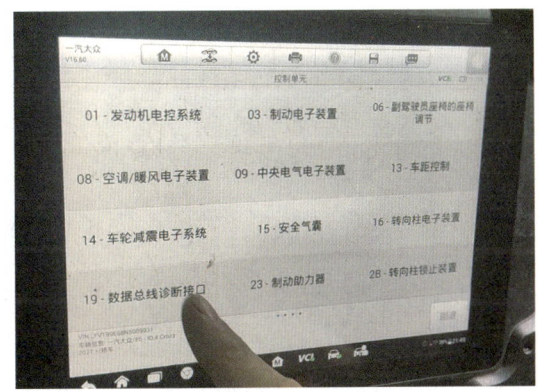

图1-28　选择数据总线诊断接口

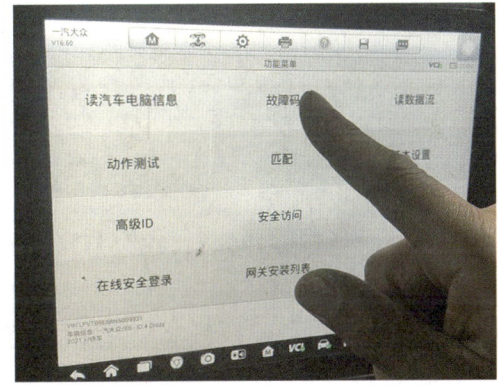

图1-29　读取故障码

⑤ 清除故障码，如图1-30所示。

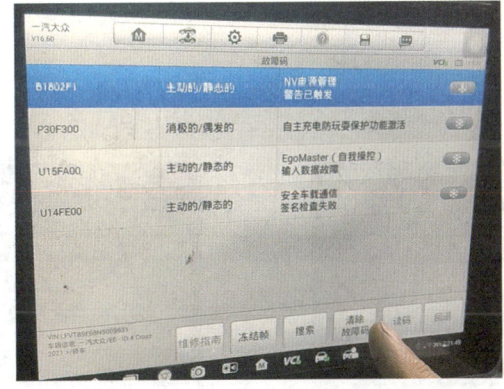

图1-30　清除故障码

（2）使用万用表进行检测，具体步骤如下。

① 开启万用表，如图1-31所示。

② 将万用表的挡位选择开关置于电压挡，如图1-32所示。

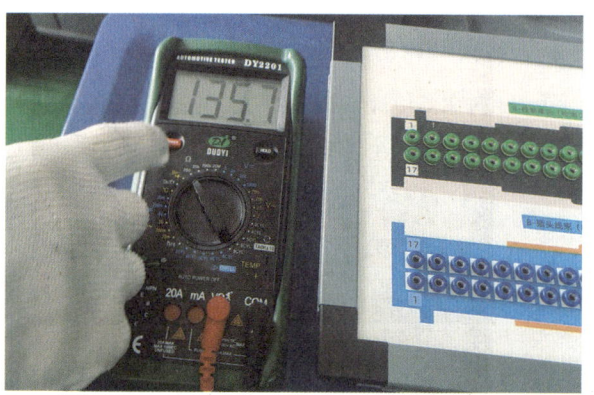

图1-31 开启万用表

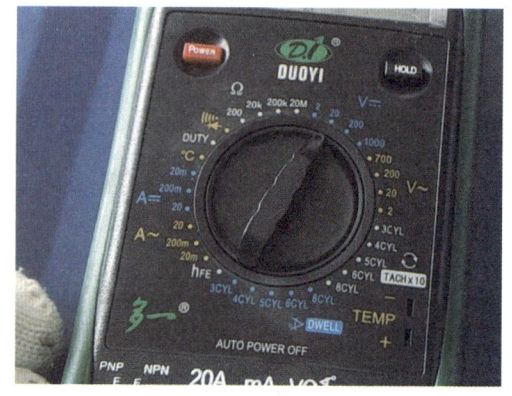

图1-32 将万用表的挡位选择开关置于电压挡

③ 将万用表通过适配器与汽车车载网络系统（CAN总线系统）连接。其中，万用表的红表笔接31号针脚（CAN-Low线），黑表笔接地，如图1-33所示。

④ 读取电压值，如图1-34所示。

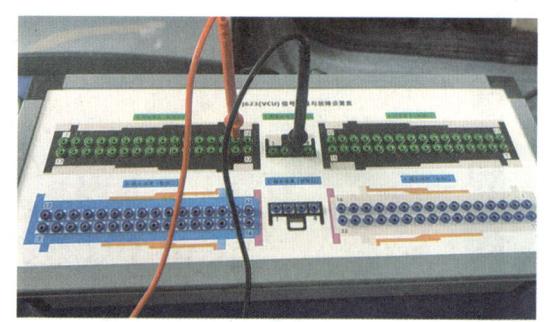

图1-33 将万用表与汽车车载网络系统连接

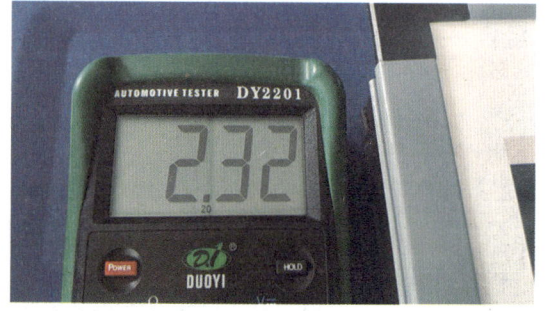

图1-34 读取电压值

（3）使用示波器进行检测，具体步骤如下。

① 将示波器通过适配器与汽车车载网络系统（CAN总线系统）连接。其中，示波器的负极表笔接汽车搭铁，正极表笔的A通道接31号针脚（CAN-Low线），B通道接15号针脚（CAN-High线），如图1-35所示。

② 设置波形参数，如图1-36所示。

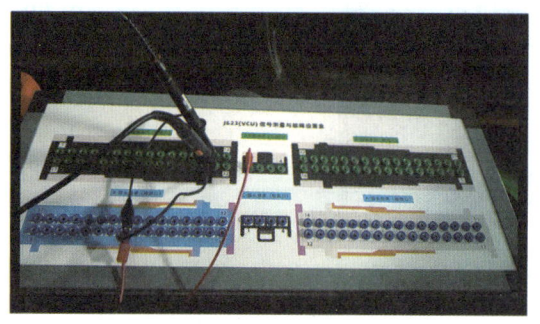

图1-35 将示波器与汽车车载网络连接

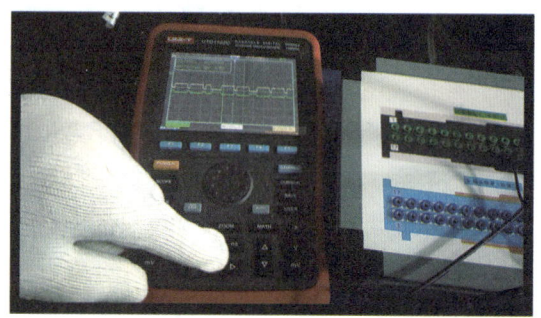

图1-36 设置波形参数

③ 读取波形，如图1-37所示。

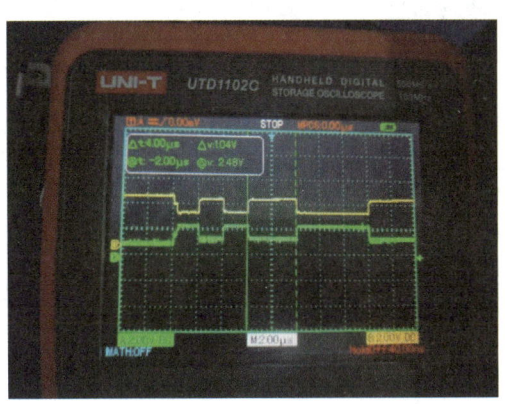

图1-37 读取波形

素养之窗——汽车车载网络系统的远程诊断技术

随着汽车智能化和网联化的发展，汽车已经不再只是个简单的交通工具，人们开始关注并期待汽车原始设备制造商（original equipment manufacture, OEM）能否像手机更新软件那样远程维护、升级汽车的车载网络系统，以使自身获得更好的驾驶享受及新功能体验。为了降低由于产品软件漏洞等引发的召回风险和保持新功能的迭代更新，OEM积极地构建汽车空中下载技术（over-the-air technology, OTA）升级体系，以实现整车的远程更新。那么什么是OTA，它有哪些特点呢？

OTA是一种远程诊断技术，它与我们常见的手机更新系统类似，即汽车通过无线网络可远程更新车内的各控制器内部固件及软件数据。

OTA特点主要有以下几点。

第一，OTA可以快速升级软件和修复软件代码缺陷。随着汽车功能配置的快速迭代，主机厂整车开发周期被迫缩短，由软件漏洞造成的汽车召回风险持续攀升。使用OTA升级可减少主机厂50%的汽车返修成本。

第二，OTA给主机厂带来新的"营销模式"。若使用了OTA，则已经卖出去的汽车还可通过软件付费方式开通一些"升级包"，因此，对于主机厂来讲，这种"营销模式"具有较大的潜力和可观的效益。

第三，主机厂通过OTA可改善汽车动力系统、刹车系统、续航系统、人机交互系统，以及智能辅助驾驶系统的体验感。汽车的整体性能及功能因此变得更优异，从而赢得消费者的青睐。

此外，OTA为汽车的远程诊断带来了很多便利，一些汽车通过OTA实现了大部分部件的故障远程诊断，这大大节省了维修的工时，为人们提供了更便捷、更满意的服务体验。

（资料来源：搜狐网，有改动）

学习知识检验

1. 填空题

（1）汽车车载网络系统中的信号通过_____依次传输，传输多个信号只需要一根或两根线，这种传输方式称为_____。

（2）汽车车载网络系统主要具有_____、_____、失效保护及_____等功能。

（3）链路是指汽车车载网络系统中信息的传输媒介，分为_____和_____两种类型，目前汽车车载网络系统的链路大多数是有线的，常见的链路有_____、_____和_____。

（4）在汽车车载网络系统中，拓扑结构主要有_____拓扑结构、_____拓扑结构和环形拓扑结构三种。

（5）汽车车载网络系统按照联网范围和控制能力的不同可分为_____和_____两大类。

（6）通信协议的三要素分别是_____、_____和_____。

（7）B类汽车车载网络系统是面向独立模块间数据共享的_____系统，其数据传输速率一般为10～125 kb/s，例如，车身电子舒适性、仪表显示等模块采用的就是该类网络系统。

（8）低速CAN协议是为解决汽车电控单元之间、电控单元与测试仪器之间_____交换问题，而开发的一种_____协议。

（9）万用表是万用电表的简称，是一种最常用的电工检测仪器。按工作原理的不同，万用表一般分为_____和_____两种。在对汽车车载网络系统进行检修时，检修人员大多使用数字式万用表，它由_____、_____和各种插孔等组成。

（10）节点故障包括_____和_____两种。

2. 选择题

（1）中央处理器又称为（　　）。

    A．ECU   B．CPU

    C．ABS   D．CAN

（2）下列关于汽车车载网络系统的说法，错误的是（　　）。

    A．采用多路传输通信系统

    B．具有唤醒和休眠功能

    C．具有失效保护功能

    D．无法进行故障自诊断

（3）下列不属于D类网络标准的是（　　）。

    A．D2B协议   B．MOST协议

    C．IDB-C协议   D．LIN协议

（4）下列关于万用表的使用，说法错误的是（　　）。

　　A．检测电压时，必须使数字式万用表与电路并联

　　B．检测电流时，必须使数字式万用表与电路串联

　　C．必须在短路状态下检测电阻、二极管，且不得带电检测

　　D．检测时，应根据检测项目及数据大小选择适当的挡位、量程和插孔

（5）下列不属于链路故障的是（　　）。

　　A．短路　　　　　　　　　　　　B．断路

　　C．电控单元损坏　　　　　　　　D．线路通信信号衰减

3．简答题

（1）什么是电控单元？

（2）汽车车载网络系统有哪些特点？

（3）简述汽车车载网络系统的多路传输功能。

（4）示波器有哪些功能？

（5）如何对链路故障进行检修？

学习成果评价

指导老师根据学生对本项目的实际学习成果对其进行评价,学生配合指导老师共同完成如表1-16所示的学习成果评价表。

表1-16 学习成果评价表

班级		组号		日期	
姓名		学号		指导老师	
学习成果/项目名称		汽车车载网络系统概述			
评价项目	评价内容		评价方式	满分/分	评分/分
知识 40%	汽车车载网络系统的发展背景		理论测试	5	
	汽车车载网络系统的功能、特点和基本术语			8	
	汽车车载网络系统的分类			6	
	汽车车载网络系统的通信协议			8	
	汽车车载网络系统的常用检修仪器			5	
	汽车车载网络系统的常见故障类型和检修方法			8	
技能 40%	认识汽车车载网络系统		实践操作	20	
	使用汽车车载网络系统的常用检修仪器进行检修			20	
素养 20%	积极参加教学活动,主动学习、思考、讨论		综合评判	6	
	认真负责,按时完成学习、实践任务			4	
	团结协作,与组员之间密切配合			4	
	服从指挥,遵守课堂和实训室纪律			4	
	守正创新,自信自强			2	
合计				100	
自我评价					
老师评价					

项目 2

CAN 总线系统检修

项目导读

CAN总线系统是应用最广泛的汽车车载网络系统之一，主要分为低速CAN总线系统和高速CAN总线系统。本项目将主要介绍CAN总线系统的基础知识，然后对高速CAN总线系统和低速CAN总线系统的检修内容进行详细介绍，旨在使学生在认识CAN总线系统的基础上，能够对其进行检修。

知识目标

1. 了解CAN总线系统的分类、组成、特点和数据传输等内容。
2. 掌握高速CAN总线系统的数据传输、故障类型和检修方法。
3. 掌握低速CAN总线系统的数据传输、故障类型和检修方法。

技能目标

1. 能使用汽车检测仪对CAN总线系统的常见故障进行诊断。
2. 能使用示波器检测CAN总线系统的波形，并对其进行分析。

素质目标

1. 培养脚踏实地、认真负责的工作作风。
2. 养成好学上进、拼搏创新的精神。

任务 2.1 认识 CAN 总线系统

任务引入

小王想买一辆功能多、车载网络系统较先进的汽车,但是他对汽车知识知之甚少,于是让在汽车维修厂工作的小李给他讲解相关知识。小李告诉小王,汽车车载网络系统是汽车的重要组成部分,在汽车上的应用非常广泛,而 CAN 总线系统作为最主要的汽车车载网络系统之一,更是遍布整车。

请大家思考:什么是 CAN 总线系统?它由哪几部分组成?本任务的知识与技能要求如表2-1所示。

表2-1 知识与技能要求

任务内容	认识CAN总线系统	学习程度		
		识记	理解	应用
学习任务	CAN总线系统的分类和组成	●		
	CAN总线系统的特点		●	
	CAN总线系统的数据传输		●	
实训任务	认识CAN总线系统			●
自我勉励				

班级 _____　姓名 _____　学号 _____

 ## 任务工单2.1——认识CAN总线系统

1. 学生分组

以3~5人为一组，选出组长并进行任务分工，将小组概况及分工情况填入表2-2中。

表2-2 小组概况及分工情况

班级：　　　　　　　　组号：　　　　　　　　指导老师：

小组成员	姓名	学号	任务分工
组长			
组员			

2. 获取信息

在进行实践操作前，需要掌握CAN总线系统的相关知识。请各组组长组织组员收集相关资料，回答下列问题。

引导问题1：什么是CAN总线系统？它可以分为哪几类？

41

班级 _____ 姓名 _____ 学号 _____

引导问题2： CAN总线系统由哪几部分组成？

引导问题3： CAN总线系统的特点有哪些？

引导问题4： CAN总线系统的帧可以分为哪几类？

班级 _____　　姓名 _____　　学号 _____

引导问题 5： CAN 总线系统是如何进行数据传输的？

3．任务准备

1）制订计划

（1）根据任务内容制订工作计划，并将其填入表 2-3 中。

表 2-3　工作计划

序号	工作计划	负责人

（2）列出完成工作计划所需要的器材，并将其填入表 2-4 中。

表 2-4　器材清单

序号	名称	型号	规格	数量	备注

2）进行决策

（1）各小组成员针对各自的工作计划展开讨论，并选出最佳的工作计划。
（2）老师对各小组的工作计划给出评价。
（3）各小组成员根据老师的评价对工作计划进行调整。
（4）调整合格后的工作计划即为最终任务实施方案。

4. 任务实施

根据最终任务实施方案展开活动。按实际操作过程，将实施内容、遇到的问题及解决办法等记录于表2-5中。

表2-5　任务实施

序号	实施内容	遇到的问题及解决办法

5. 课堂小结

_____
_____
_____
_____
_____

2.1.1 CAN总线系统的分类和组成

控制器局域网络（controller area network，CAN）总线系统是为了解决汽车电控单元与执行器之间的数据交换而开发的一种串行通信总线系统，是汽车车载网络系统中应用最普遍的一种现场总线系统。

1. CAN 总线系统的分类

根据ISO标准，CAN总线系统目前可以分两类，分别是高速CAN总线系统和低速CAN总线系统，对应的ISO标准分别为ISO11898与1SO11519-2。其中，ISO11898是通信速率为125 kb/s～1 Mb/s的高速CAN协议，1SO11519-2是通信速率为125 kb/s以下的低速CAN协议。

高速CAN和低速CAN总线系统中传输的数据格式一样，但故障保护机制不同。高速CAN总线系统中只要有一根数据传输总线出现断路或短路，整个系统将无法工作；而低速CAN总线系统则具有单线传输的功能，一根数据传输总线出现断路或短路，不会影响另一根数据传输总线的正常工作。

高速CAN总线系统主要应用在一些对实时性要求高的系统中，如驱动系统、电子制动系统等；低速CAN总线系统主要应用在一些对实时性要求不高的系统中，如舒适系统、灯光系统等。

2. CAN 总线系统的组成

CAN总线系统由电控单元、数据传输总线及终端电阻组成。其中，电控单元有自己的控制器和收发器，且通过数据传输总线进行数据传输。

1）控制器

控制器位于电控单元的内部，具有控制数据发送、接收和格式转换等功能。控制器一般接收来自电控单元中CPU的数据，并将处理后的数据发送给收发器；同时控制器也接收来自收发器的数据，并将处理后的数据发送给电控单元中的CPU。

2）收发器

收发器位于电控单元的内部，由接收器、发送器和差分转换处理电路组成，其结构如图2-1所示。收发器具有数据接收、发送和格式转换等功能，它接收控制器发送过来的数据，并将处理后的数据发送到数据传输总线上；同时接收数据传输总线传输过来的数据，并将处理后的数据发送给控制器。

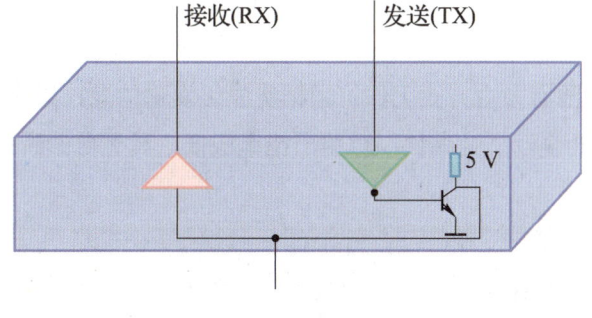

图2-1 收发器的结构

3）数据传输总线

数据传输总线是用来传输数据的双绞线，可以将数据传输给各电控单元。该总线包含CAN-High线和CAN-Low线，其中传输高电平信号的线称为CAN-High线，传输低电平信号的线称为CAN-Low线，这两根线通常会缠绕在一起，其上的电位相反，电压和等于常值，可以有效防止外界电磁波的干扰和向外辐射，如图2-2所示。

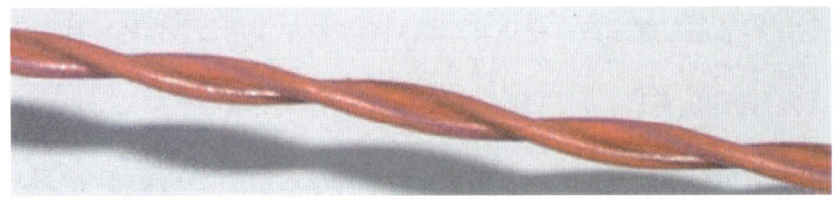

图2-2　CAN数据传输总线

4）终端电阻

终端电阻是一个电阻器。高速CAN总线系统有两个120 Ω的终端电阻，它们并联在CAN-High线和CAN-Low线两端（一般情况下，这两个终端电阻分别位于两个电控单元内），总电阻约为60 Ω，可以防止数据在传输终了被反射回来，从而产生反射波使数据遭到破坏，如图2-3所示。低速CAN总线系统没有120 Ω的终端电阻，而是在每个电控单元内都有840 Ω或12 000 Ω左右的电阻。

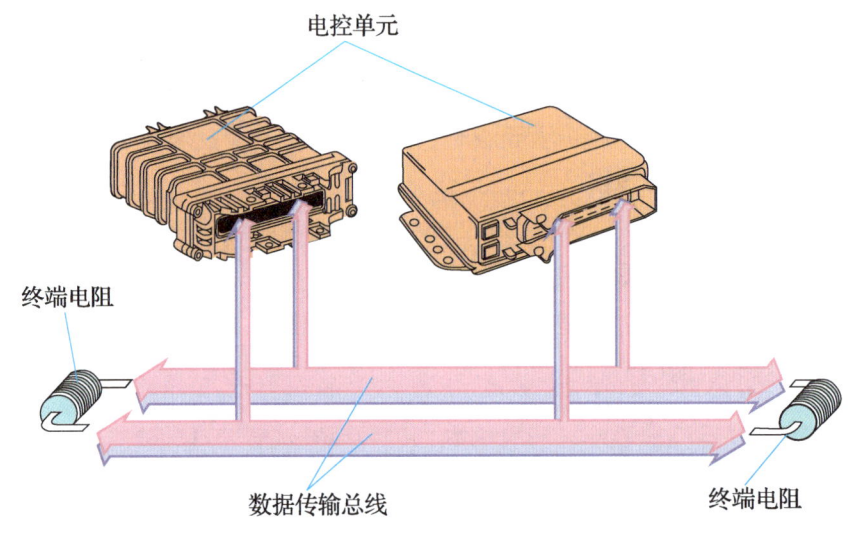

图2-3　高速CAN总线系统的组成

2.1.2　CAN总线系统的特点

CAN总线系统的特点主要有多主方式工作，根据优先级发送信息，采用非破坏性仲裁机制，采用全局广播传输方式，数据传输距离远、速率快，数据出错率极低，具有自诊断功能。

1. 多主方式工作

多主方式工作是指当数据传输总线处于空闲状态时，任意一个电控单元都可以在任意时刻主动地向该总线发送信息，而且可以不分主从。由于CAN总线系统的各个电控单元是并联的，因此当某一电控单元出现故障时，多主方式工作不会使其他电控单元受到影响，以便CAN总线系统可以继续进行数据传输和交换，从而保证整个汽车车载网络系统能够继续工作。

2. 根据优先级发送信息

根据优先级发送信息是指电控单元根据发送信息的重要程度不同而获得不同的优先级，优先级较高的电控单元优先获得向数据传输总线发送信息的权力，以满足CAN总线系统的实时要求。

3. 采用非破坏性仲裁机制

采用非破坏性仲裁机制是指当两个电控单元同时往数据传输总线上发送信息时，优先级较低的电控单元主动停止发送，而优先级较高的电控单元则继续发送。当信息传输完毕后，优先级较低的电控单元再进行下一次仲裁，直到胜出获得发送权为止。采用非破坏性仲裁机制可以有效避免总线冲突，提高信息传输效率。

4. 采用全局广播传输方式

CAN总线系统主要采用全局广播传输方式，即各电控单元传输的数据均可被其他电控单元获取，如图2-4所示。

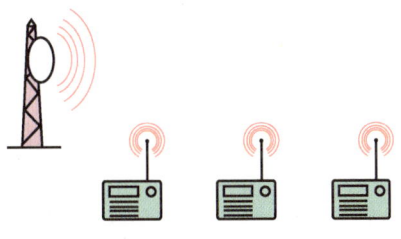

图2-4　全局广播传输方式

5. 数据传输距离远、速率快

CAN总线系统的数据传输距离最远可达10 km，数据传输速率最快可达1 Mb/s，可以满足CAN总线系统中各电控单元之间数据传输和信息交换的实时要求。

6. 数据出错率极低

CAN总线协议定义了多种检查方式（如循环冗余检查、帧检查等）。一旦数据传输出错，CAN总线系统能准确识别出来，这大大降低了数据的出错率，提高了系统的可靠性。

7. 具有自诊断功能

CAN总线系统的电控单元都具有自诊断功能，它们可以识别出与CAN总线系统相关的故障。当CAN总线系统发生故障时，故障相关数据会被存储在相应电控单元的故障存储器内，以待汽车检测仪读取，该功能有效增加了数据传输的可靠性。

2.1.3 CAN总线系统的数据传输

1. CAN总线系统的帧类型

CAN总线系统中的通信信息是一帧一帧传输的。按照携带信息类型的不同，CAN总线系统的帧可分为4种，它们分别是数据帧、远程帧、错误帧和过载帧，此外部分帧之间还存在帧间空间。

1）数据帧

数据帧是数据传输总线上传输数据的帧，它负责将数据从发送器传输到接收器。数据帧由起始域、仲裁域、控制域、数据域、安全域、应答域和结束域等7个不同的域组成，如图2-5所示。

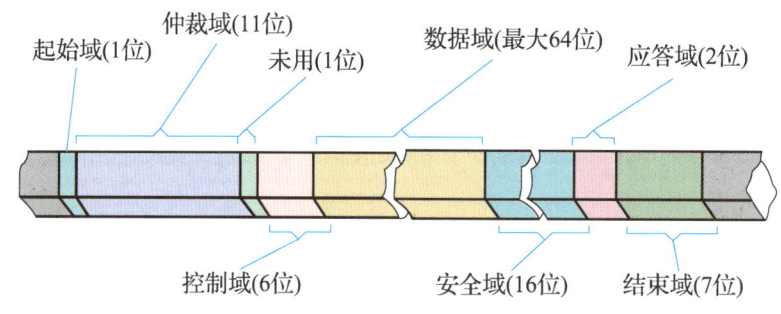

图2-5 数据帧的组成

（1）起始域标志着数据帧的起始，仅由一个数位组成。

（2）仲裁域主要负责判定数据的优先权，由11个数位组成。

（3）控制域主要负责检查接收器是否已经接收传输过来的信息，由6个数位组成。

（4）数据域主要负责存储所要传输的数据，其数位最大为64。

（5）安全域主要负责检测传输数据中的错误，由16个数位组成。

（6）应答域主要负责让接收器告知发送器是否已成功接收到数据，由两个数位组成。

（7）结束域标志着数据报告的结束，由7个数位组成。

2）远程帧

远程帧由数据传输总线上的电控单元发送，用于请求其他电控单元发送具有相同标识符的帧。当某个电控单元需要数据时，可以发送远程帧请求另一电控单元发送相应的数据帧。远程帧由起始域、仲裁域、控制域、安全域、应答域和结束域等6个不同的域组成，与数据帧不同的是没有数据域。

3）错误帧

错误帧也由CAN总线系统的电控单元发送，用于向其他电控单元通知错误，任何电控单元只要检测到CAN总线系统中的错误就会产生错误帧。

4）过载帧

过载帧是为先行和后行的数据帧（或远程帧）之间提供延时的帧。当某一电控单元没有做好接收下一帧的准备时，接收器会发送过载帧来延迟信息的传输。

5）帧间空间

传输信息的各数据帧、远程帧都是由帧间空间隔离开来的，而过载帧与错误帧，以及过载帧之间没有帧间空间。

2. CAN总线系统的数据传输过程

CAN总线系统的数据传输过程（见图2-6）主要包括以下几部分。

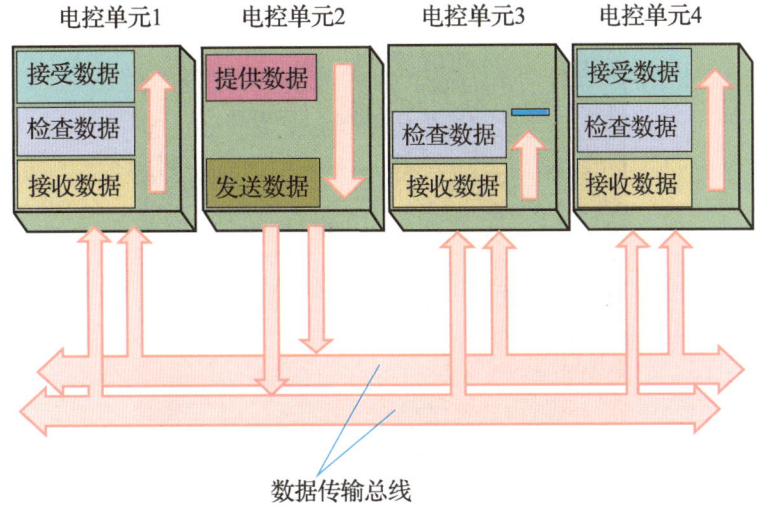

图2-6　CAN总线系统的数据传输过程

（1）提供数据。某电控单元中的CPU向控制器提供需要发送的数据。

（2）发送数据。收发器接收由控制器传输过来的数据，并将处理后的数据发送到数据传输总线上。

（3）接收数据。其他电控单元中的收发器可以接收由数据传输总线传输过来的数据。

（4）检查数据。这些电控单元检查所接收的数据是否为所需要的数据。

（5）接受数据。只要接收的数据为需要的数据，那么该数据就会被接受和处理，否则被忽略。

 实践操作2.1——认识CAN总线系统

1. 情景描述

CAN总线系统是最主要的汽车车载网络系统之一，该系统一旦发生故障，整个汽车将无法运转。因此，检修人员应具备检修CAN总线系统的能力。在学习CAN总线系统的检修知识之前，要对该系统有一定的了解。下面以实车一汽大众ID.4 CROZZ为例，来认识CAN总线系统。

扫一扫

认识CAN总线系统

2. 准备工作

（1）工具设备：万用表、示波器、拆装专用工具和设备、人员安全防护用品（绝缘手套、绝缘鞋、护目镜、安全帽、绝缘垫）。

（2）实训汽车型号：一汽大众ID.4 CROZZ。

（3）辅助资料：检修手册、汽车电路图手册、教材。

3. 操作步骤

（1）认识CAN总线系统的常见电控单元，如网关电控单元、车身电控单元等，具体如下。

① 认识CAN总线系统的网关电控单元，如图2-7所示。

图2-7 网关电控单元

② 认识CAN总线系统的车身电控单元，如图2-8所示。

图2-8 车身电控单元

（2）认识CAN总线系统电控单元的收发器，如图2-9所示。

 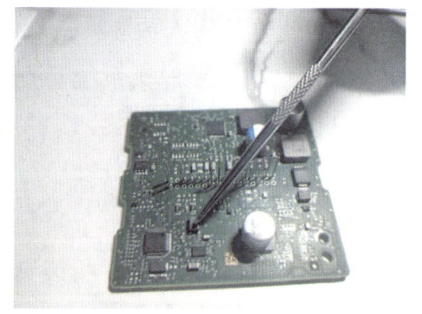

（a）接收器　　　　　　　　　　　　　　（b）发送器

图2-9 CAN总线系统电控单元的收发器

（3）认识CAN总线系统的数据传输总线，主要包括CAN-High线和CAN-Low线，如图2-10所示。

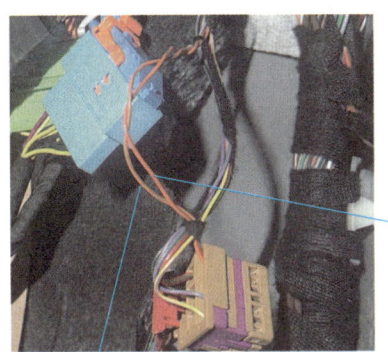

图2-10　CAN总线系统的数据传输总线

（4）检测CAN总线系统的工作电压，首先检测CAN-High线的工作电压，如图2-11所示；然后检测CAN-Low线的工作电压，如图2-12所示。

图2-11　检测CAN-High线的工作电压　　　　图2-12　检测CAN-Low线的工作电压

任务2.2 检修高速CAN总线系统

任务引入

某汽车维修厂收到一辆汽车,该汽车出现了换挡冲击、转速表不工作、仪表无挡位显示等故障现象,检修人员对汽车进行检查后判断可能是高速CAN总线系统出现了故障,于是用汽车检测仪对高速CAN总线系统的电压及其波形等进行检测,发现该系统的一电控单元内部出现了短路故障。检修人员对该电控单元进行修复后,清除故障码并试车,故障消失。

请大家思考:高速CAN总线系统是如何进行数据传输的?如何对高速CAN总线系统进行检修?本任务的知识与技能要求如表2-6所示。

表2-6 知识与技能要求

任务内容	检修高速CAN总线系统	学习程度		
		识记	理解	应用
学习任务	高速CAN总线系统的数据传输	●		
	高速CAN总线系统的故障类型		●	
	高速CAN总线系统的检修方法	●		
实训任务	检测高速CAN总线系统的终端电阻			●
自我勉励				

班级 _____ 姓名 _____ 学号 _____

任务工单2.2——检修高速CAN总线系统

1. 学生分组

以3~5人为一组，选出组长并进行任务分工，将小组概况及分工情况填入表2-7中。

表2-7 小组概况及分工情况

班级： 组号： 指导老师：

小组成员	姓名	学号	任务分工
组长			
组员			

2. 获取信息

在进行实践操作前，需要掌握检修高速CAN总线系统的相关知识。请各组组长组织组员收集相关资料，回答下列问题。

引导问题1：高速CAN总线系统是如何进行数据传输的？

班级 _____   姓名 _____   学号 _____

引导问题2：如何用汽车检测仪对高速CAN总线系统进行检修？

引导问题3：如何用万用表对高速CAN总线系统的终端电阻和电压进行检测？

班级 _____　　姓名 _____　　学号 _____

引导问题4：高速CAN总线系统的故障波形有哪些？

3．任务准备

1）制订计划

（1）根据任务内容制订工作计划，并将其填入表2-8中。

表2-8　工作计划

序号	工作计划	负责人

（2）列出完成工作计划所需要的器材，并将其填入表2-9中。

表2-9　器材清单

序号	名称	型号	规格	数量	备注

班级　　　　　　　姓名　　　　　　　学号　　　　　　

2）进行决策

（1）各小组成员针对各自的工作计划展开讨论，并选出最佳的工作计划。

（2）老师对各小组的工作计划给出评价。

（3）各小组成员根据老师的评价对工作计划进行调整。

（4）调整合格后的工作计划即为最终任务实施方案。

4. 任务实施

根据最终任务实施方案展开活动。按实际操作过程，将实施内容、遇到的问题及解决办法等记录于表2-10中。

表2-10　任务实施

序号	实施内容	遇到的问题及解决办法

5. 课堂小结

_____
_____
_____
_____

2.2.1 高速CAN总线系统的数据传输

1. 数据传输原理

高速CAN总线系统根据两根数据传输总线之间的电压差进行数据传输，称为差分传输。当数据传输总线上没有数据传输时，两根线的电压相同，电压差为0，这时的电平信号处于静止位置，称为隐性电平信号，用逻辑"1"表示，数据传输总线处于隐性状态。当数据传输总线上有数据传输时，两根线就会出现电压不同的情况，从而产生电压差，这时的电平信号处于传输位置，称为显性电平信号，用逻辑"0"表示，数据传输总线处于显性状态。高速CAN总线系统中数据传输总线上的电平信号如图2-13所示。

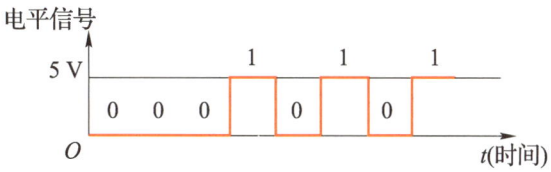

图2-13 数据传输总线上的电平信号

2. 数据传输过程

高速CAN总线系统的数据传输过程主要分为数据发送和数据接收两部分。

1）数据发送

在高速CAN总线系统中，当所有电控单元都没有向数据传输总线发送数据时，电控单元的收发器处于截止状态，数据传输总线处于隐性状态，其上的电压大约为2.5 V。

当电控单元向数据传输总线发送数据时，数据传输总线处于显性状态，其上的电压会发生变化，即CAN-High线上的电压会升高一个预定值（至少为1 V），CAN-Low线上的电压则会降低相同值（至少为1 V）。此时，CAN-High线上的电压不低于3.5 V，CAN-Low线上的电压不高于1.5 V。

由此可以看出，当数据传输总线处于隐性状态时，CAN-High线与CAN-Low线上的电压差为0 V；当数据传输总线处于显性状态时，CAN-High线与CAN-Low线上的电压差最低为2 V，如图2-14所示。

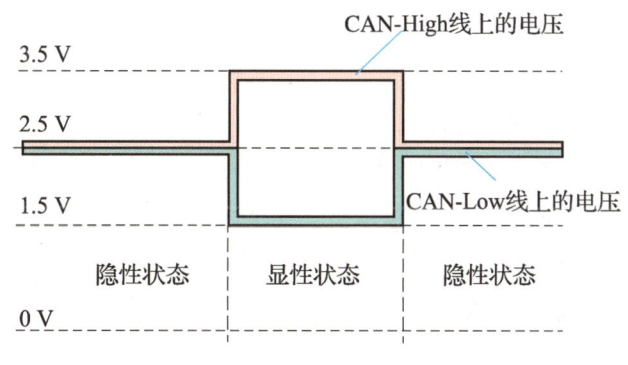

图2-14 高速CAN总线系统的电压变化

2）数据接收

在高速CAN总线系统中，收发器内的接收器接收来自数据传输总线上的电平信号，它其实就是一个差分式信号放大器，用来处理数据传输总线上的电平信号，并将处理后的电平信号传输至接收区。处理后的电平信号即为差分式信号放大器的输出电压,其大小为CAN-High线上的电压与CAN-Low线上电压的差值。

2.2.2 高速CAN总线系统的故障类型

高速CAN总线系统的故障类型一般有电源故障、链路故障和节点故障三种。

电源故障是指汽车电源提供的电压低于高速CAN总线系统的工作电压,导致部分电控单元无法正常工作,从而影响通信。

链路故障主要包括短路故障和断路故障。其中,短路故障主要包括数据传输总线自身短路、数据传输总线对正极短路和数据传输总线对地短路等;断路故障主要是指高速CAN总线系统内部线路断开。

节点故障主要是指高速CAN总线系统中的电控单元发生故障。

2.2.3 高速CAN总线系统的检修方法

当高速CAN总线系统出现故障时,整个汽车车载网络系统将无法进行数据传输,因此需要对其进行检修,常用的检修方法包括用汽车检测仪检修、用万用表检修和用示波器检修三种。

1. 用汽车检测仪检修

用汽车检测仪检修高速CAN总线系统的步骤大致如下。

(1)检修人员通过适配器,将汽车检测仪与汽车相连。

(2)启动汽车检测仪,选择发生故障的高速CAN总线系统。

(3)读取高速CAN总线系统的故障码。

(4)根据故障码分析故障原因(如高速CAN总线系统的数据传输总线出现断路、短路或电控单元内部损坏等)。

(5)对相应的故障部位进行维修。

2. 用万用表检修

在对高速CAN总线系统进行检修时,会经常用到万用表,它主要用来检测高速CAN总线系统的终端电阻和电压。

1)检测高速CAN总线系统的终端电阻

当终端电阻出现故障时,电控单元发送的数据很可能因为受到反射波的影响而无效。利用汽车检测仪的万用表功能检测终端电阻(见图2-15)的具体步骤如下。

(1)检测前应先断电,即拔除蓄电池的电极线。

(2)等待约5 min,使电容器充分放电。

(3)连接汽车检测仪并测量总阻值。

(4)拔除其中一个终端电阻,检测总电阻是否发生变化。

(5)连接好前面被拔除的终端电阻,拔除另外一个终端电阻,检测总电阻值是否发生变化。

(6)分析检测结果。已知每个终端电阻值均为120 Ω,总电阻值约为60 Ω。根据检测出的电阻值,即可判断终端电阻是否发生故障。

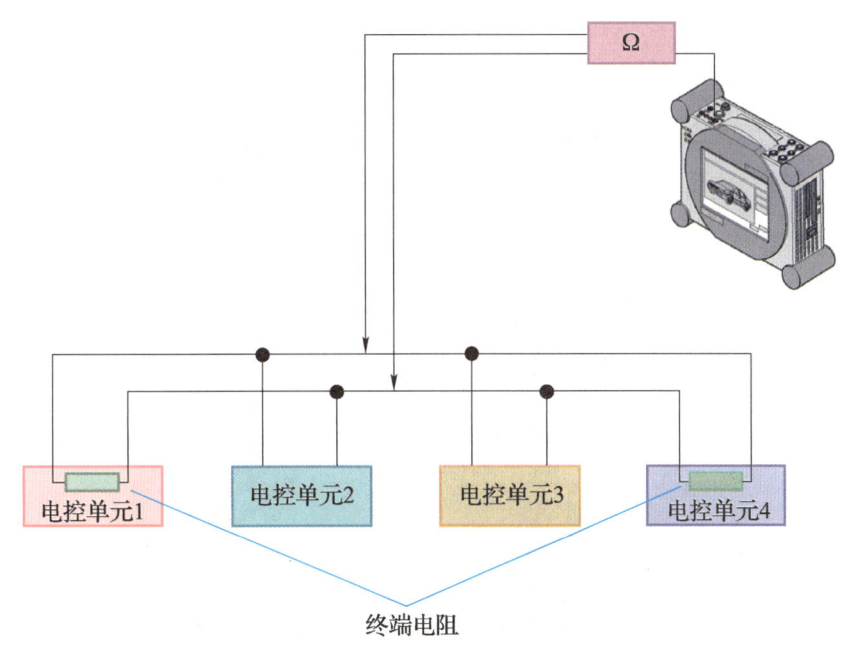

图2-15 终端电阻的检测电路

2）检测高速CAN总线系统的电压

万用表还可检测高速CAN总线系统的电压（见图2-16），检修人员可以此来判断是否存在故障。

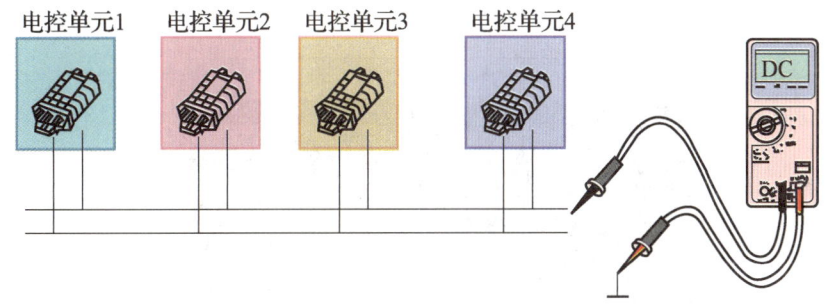

图2-16 用万用表检测高速CAN总线系统的电压

检测高速CAN总线系统的电压包括检测CAN-High线电压和检测CAN-Low线电压。

（1）检测CAN-High线电压。

当CAN-High线上有信号传输时，其电压在2.5～3.5 V范围内高频波动，主体电压应为2.5 V，万用表的测量值一般大于2.5 V，但接近于2.5 V。若实际检测出的电压与此不符，则CAN-High线一定存在故障，应进行维修。

（2）检测CAN-Low线电压。

当CAN-Low线上有信号传输时，其电压在1.5～2.5 V范围内高频波动，主体电压应为2.5 V，万用表的测量值一般小于2.5 V，但接近于2.5 V。若实际检测出的电压与此不符，则CAN-Low线一定存在故障，应进行维修。

3．用示波器检修

示波器可以用来检测高速CAN总线系统的波形，检修人员通过分析检测后的波形即可确定线路的连接情况。

1）连接示波器并设置参数

（1）将示波器上的检测线通过适配器连接到汽车上。其中，将通道A中的红色检测线连接CAN-High线（黄色波形），黑色检测线接地；通道B中的红色检测线连接CAN-Low线（绿色波形），黑色检测线接地，如图2-17所示。

图2-17 连接示波器

（2）设置示波器的相关参数，如图2-18所示。

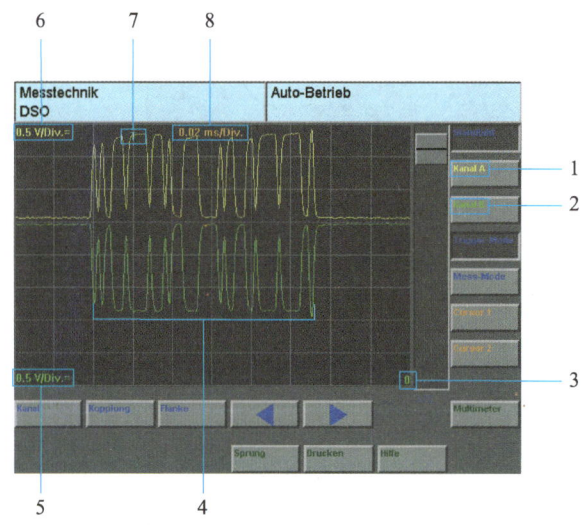

1—通道A用于检测CAN-High线的信号；2—通道B用于检测CAN-Low线的信号；3—通道A和通道B信号的零电位；4—1帧数据；5—通道B的电压/单位设定（同上）；6—通道A的电压/单位设定（一般为0.5 V/格）；7—触发点设定（位于被检测信号的变化范围内）；8—时间/单位设定（应尽可能小一些，最小为0.02 ms/格）。

图2-18 设置示波器的相关参数

2）分析故障波形

用示波器对高速CAN总线系统进行检测时，通过分析波形，即可确定故障点的位置以及引发故障的原因。下面对高速CAN总线系统的各种故障波形进行分析。

（1）CAN-High 线与 CAN-Low 线之间短路的故障波形。

CAN-High线与CAN-Low线之间短路的故障波形如图2-19所示。此时，CAN-High线与CAN-Low线的波形是一致的，两根线的电压均约为2.5 V。产生这种故障的原因可能是电控单元内部短路或CAN-High线和CAN-Low线连接在一起引起短路。

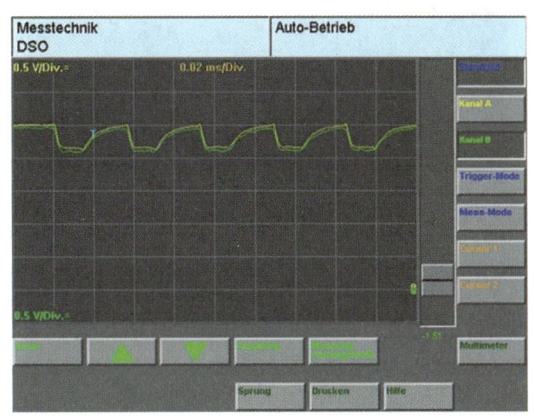

图2-19　CAN-High线与CAN-Low线之间短路的故障波形

对于这种故障，检修人员可通过拔插电控单元，并观察波形的变化来判断发生故障的原因和位置。当电控单元被拔下时，若波形恢复正常，则说明该电控单元存在短路故障。若拔插电控单元的过程中，波形一直没有恢复正常，则说明CAN-High线和CAN-Low线连接在一起引起短路。

（2）CAN-High 线对正极短路的故障波形。

CAN-High线对正极短路的故障波形如图2-20所示。此时CAN-High线的电压为12 V（蓄电池电压），CAN-Low线的隐性电压约为12 V。产生这种故障的原因可能是CAN收发器内的CAN-High线和正极连接。对于这种故障，可通过拔插电控单元并观察波形的变化来判断发生故障的位置。

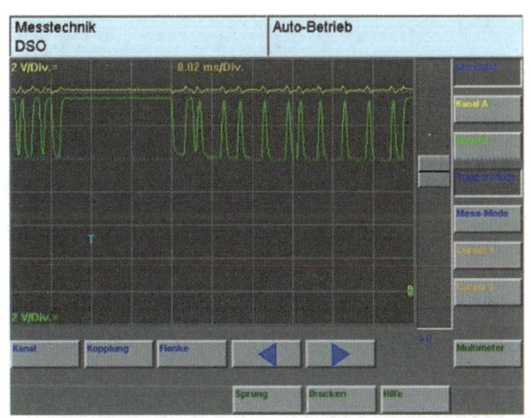

图2-20　CAN-High线对正极短路的故障波形

（3）CAN-High 线对地短路的故障波形。

CAN-High线对地短路的故障波形如图2-21所示。此时CAN-High线的电压为0 V，CAN-Low线上还存在部分较小的电压。产生这种故障的原因可能是收发器内的CAN-High线接地。对于这种故障，可通过拔插电控单元并观察波形的变化来判断发生故障的位置。

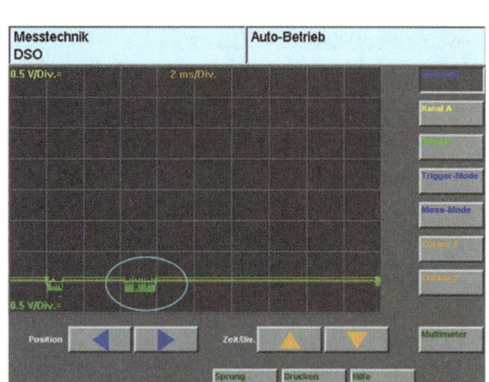

图 2-21 CAN-High 线对地短路的故障波形

（4）CAN-Low 线对地短路的故障波形。

CAN-Low 线对地短路的故障波形如图 2-22 所示。此时 CAN-Low 线的电压为 0 V，CAN-High 线的隐性电压也降至 0 V。产生这种故障的原因可能是收发器内的 CAN-Low 线接地。对于这种故障，可通过拔插电控单元并观察波形的变化来判断发生故障的位置。

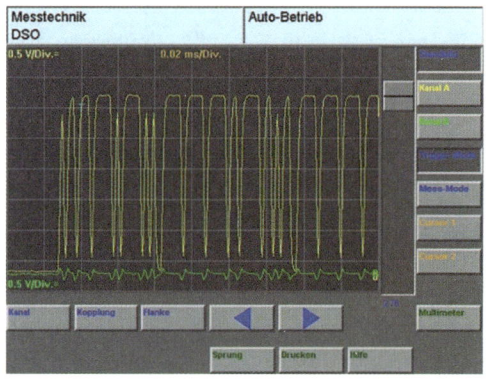

图 2-22 CAN-Low 线对地短路的故障波形

（5）CAN-High 线和 CAN-Low 线均对正极短路的故障波形。

CAN-High 线和 CAN-Low 线均对正极短路的故障波形如图 2-23 所示。此时 CAN-High 线和 CAN-Low 线的电压均约为 12 V。产生这种故障的原因可能是收发器内的 CAN-High 线和 CAN-Low 线均与正极连接。对于这种故障可通过拔插电控单元，并观察波形的变化来判断发生故障的位置。

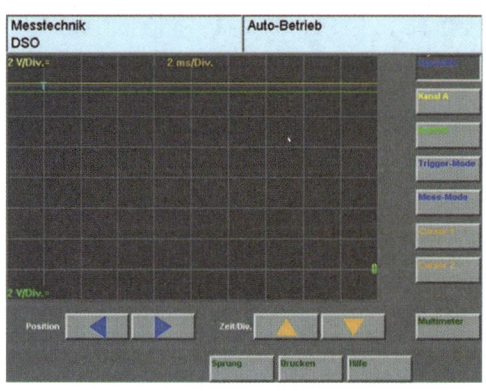

图 2-23 CAN-High 线和 CAN-Low 线均对正极短路的故障波形

（6）CAN-High 线断路的故障波形。

CAN-High 线断路的故障波形如图 2-24 所示。此时 CAN-High 线上的波形变化很大且杂乱无章。产生这种故障的原因可能是连接电控单元的 CAN-High 线断路。对于这种故障，可通过拔插电控单元，并观察波形的变化来判断发生故障的位置。

（7）CAN-Low 线断路的故障波形。

CAN-Low 线断路故障的波形如图 2-25 所示。此时 CAN-Low 线上的波形变化很大且杂乱无章。产生这种故障的原因可能是连接电控单元的 CAN-Low 线断路。对于这种故障，可通过拔插电控单元，并观察波形的变化来判断发生故障的位置。

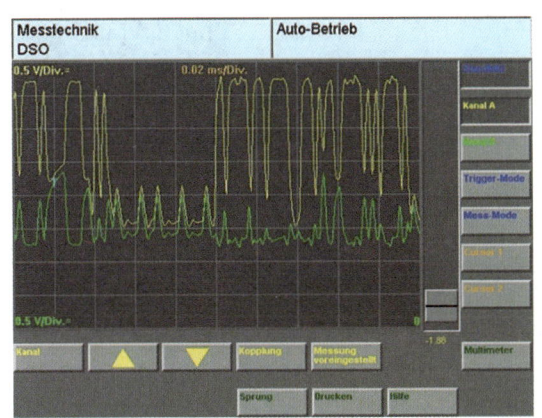

图 2-24　CAN-High 线断路的故障波形

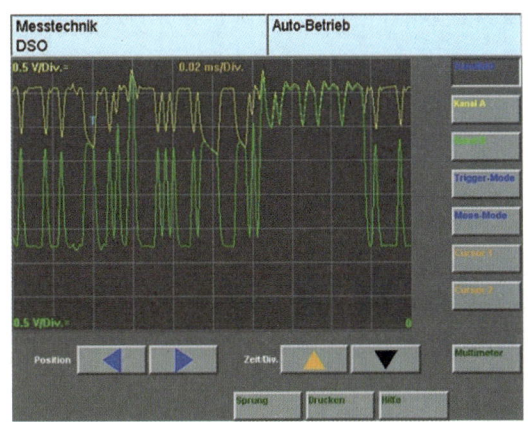

图 2-25　CAN-Low 线断路的故障波形

案例荟萃

（1）故障现象。

一辆汽车在启动时发动机不转动，且仪表盘没有任何反应。

（2）故障检修。

检修人员将汽车检测仪连接到汽车上进行检测，发现该汽车高速 CAN 总线系统的电控单元都无法与数据传输总线接通，分析认为可能是高速 CAN 数据传输总线存在短路、断路故障或某电控单元内部有故障等。

进一步对该汽车的高速 CAN 总线进行检测，发现两根线无短路、断路故障，因此，故障原因可能是电控单元内部损坏。于是将与数据传输总线连接的电控单元逐一断开并进行试车，发现断开安全气囊电控单元时，发动机可以启动，且波形恢复正常，说明该电控单元存在故障。对安全气囊电控单元进行修复后，清除故障码并试车，故障消失。

实践操作2.2——检测高速CAN总线系统的终端电阻

1. 情景描述

高速CAN总线系统有两个终端电阻，它们连接在CAN-High线和CAN-Low线之间。设置终端电阻不但可以提高CAN总线系统的信号质量，同时也可以防止信号反射、冲突与波形失真等发生。高速CAN总线系统的终端电阻一旦发生故障，就会大大降低该系统通信的可靠性。因此，要学会熟练检测高速CAN总线系统的终端电阻，具体检测步骤如下。

扫一扫

检测高速CAN总线系统的终端电阻

2. 准备工作

（1）工具设备：万用表、拆装专用工具和设备、人员安全防护用品（绝缘手套、绝缘鞋、护目镜、安全帽、绝缘垫）。

（2）实训汽车型号：吉利帝豪EV450。

（3）辅助资料：检修手册、汽车电路图手册、教材。

3. 操作步骤

（1）拔出蓄电池的电极线，等待5min，使电容器充分放电，如图2-26所示。

（2）设置万用表的参数。将万用表的挡位选择开关置于电阻挡，并将量程设置到200 Ω，如图2-27所示。

图2-26　拔出蓄电池的电极线

图2-27　设置万用表的参数

（3）连接万用表。将两个表笔分别接汽车上CAN-High线和CAN-Low线对应的接口，如图2-28所示。

（4）读取电阻值，电阻值约为60 Ω，如图2-29所示。

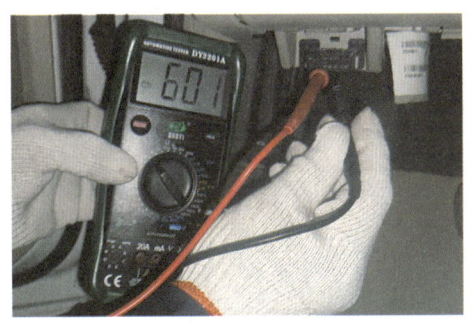 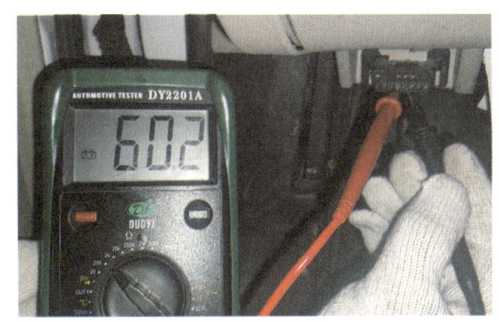

图2-28　连接万用表　　　　　　　　　图2-29　读取电阻值

（5）拔出一个终端电阻电控单元的插头，如图2-30所示；读取电阻值，此时的电阻值约为120 Ω，如图2-31所示。

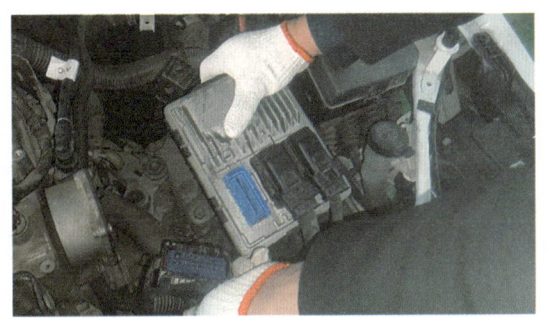 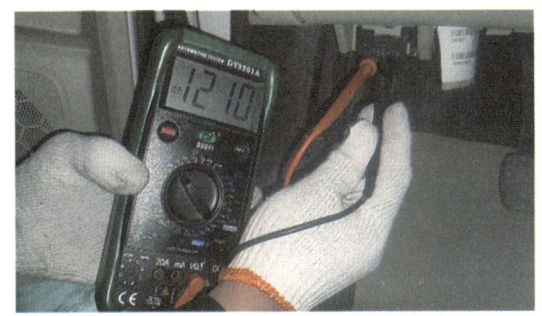

图2-30　拔出一个终端电阻电控单元的插头　　　　图2-31　读取电阻值

（6）连接好拔出的插头（见图2-32），并将另一个终端电阻电控单元的插头拔出，如图2-33所示。

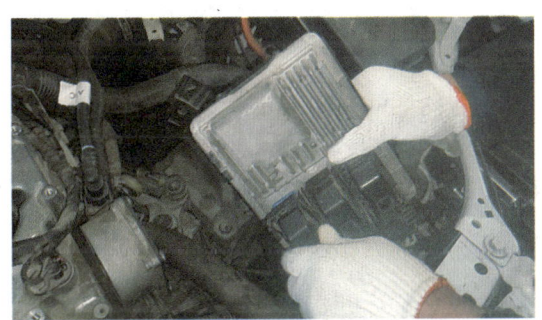 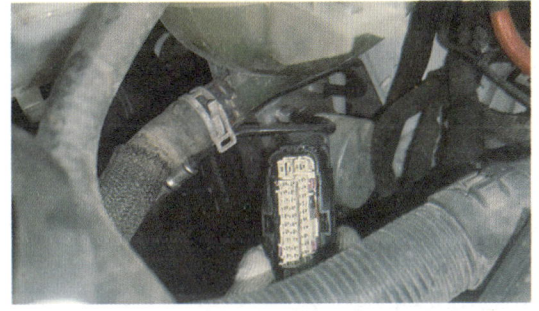

图2-32　连接好拔出的插头　　　　　　图2-33　将另一个终端电阻电控单元的插头拔出

（7）读取电阻值，此时的电阻值约为120 Ω，如图2-34所示。

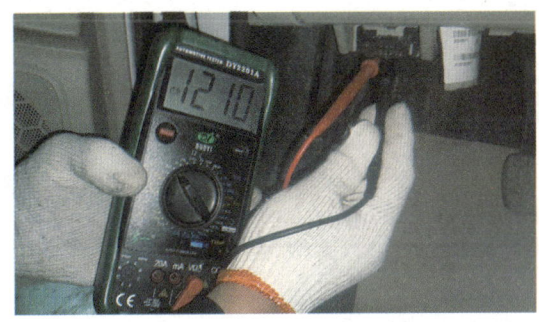

图2-34　读取电阻值

任务2.3 检修低速CAN总线系统

任务引入

某汽车维修厂接收了一辆汽车,该汽车发动机启动困难。检修人员用汽车检测仪读取故障码,发现故障信息为低速CAN数据传输总线损坏。随后,检修人员对低速CAN总线系统的电压、波形等进行检测,发现两根数据传输总线对搭铁短路。检修人员找到故障线束并进行维修后试车,故障排除。

请大家思考:低速CAN总线系统是如何进行数据传输的?如何对低速CAN总线系统进行检修?本任务的知识与技能要求如表2-11所示。

表2-11 知识与技能要求

任务内容	检修低速CAN总线系统	学习程度		
		识记	理解	应用
学习任务	低速CAN总线系统的数据传输	●		
	低速CAN总线系统的故障类型		●	
	低速CAN总线系统的检修方法	●		
实训任务	检测低速CAN总线系统的波形			●
自我勉励				

任务工单2.3——检修低速CAN总线系统

1. 学生分组

以3~5人为一组,选出组长并进行任务分工,将小组概况及分工情况填入表2-12中。

表2-12 小组概况及分工情况

班级:　　　　　　　组号:　　　　　　　指导老师:

小组成员	姓名	学号	任务分工
组长			
组员			

2. 获取信息

在进行实践操作前,需要掌握检修低速CAN总线系统的相关知识。请各组组长组织组员收集相关资料,回答下列问题。

引导问题1:低速CAN总线系统是如何进行数据传输的?

班级 _____ 姓名 _____ 学号 _____

引导问题2： 如何用汽车检测仪对低速CAN总线系统进行检修？

引导问题3： 如何用万用表对低速CAN总线系统的电压进行检测？

班级 _____ 姓名 _____ 学号 _____

引导问题4：低速CAN总线系统的故障波形有哪些？

3. 任务准备

1）制订计划

（1）根据任务内容制订工作计划，并将其填入表2-13中。

表2-13　工作计划

序号	工作计划	负责人

（2）列出完成工作计划所需要的器材，并将其填入表2-14中。

表2-14　器材清单

序号	名称	型号	规格	数量	备注

班级 _____ 姓名 _____ 学号 _____

2）进行决策

（1）各小组成员针对各自的工作计划展开讨论，并选出最佳的工作计划。
（2）老师对各小组的工作计划给出评价。
（3）各小组成员根据老师的评价对工作计划进行调整。
（4）调整合格后的工作计划即为最终任务实施方案。

4．任务实施

根据最终任务实施方案展开活动。按实际操作过程，将实施内容、遇到的问题及解决办法等记录于表 2-15 中。

表 2-15　任务实施

序号	实施内容	遇到的问题及解决办法

5．课堂小结

_____
_____
_____
_____
_____

2.3.1 低速CAN总线系统的数据传输

低速CAN总线系统的数据传输过程主要分为数据发送和数据接收两部分。

1. 数据发送

低速CAN总线系统与高速CAN总线系统有一些区别。例如，低速CAN总线系统的数据传输速率低，波长较长，反射波较弱，终端电阻不需要安装在两根数据传输总线之间，其每个电控单元都有自己的终端电阻。另外，低速CAN总线系统使用单独的驱动器驱动CAN-High线和CAN-Low线，它们之间互不影响，各自独立工作，当其中一根线出现故障时，另一根线仍可以继续工作。

因此，低速CAN总线系统发送的电平信号不同于高速CAN总线系统。在低速CAN总线系统中，当电控单元没有往数据传输总线上发送数据时，数据传输总线处于隐性状态，此时CAN-High线上的电压为0.3 V，CAN-Low线上的电压为4.7 V；当电控单元往数据传输总线上发送数据时，数据传输总线处于显性状态，此时CAN-High线上的电压不小于3.6 V，CAN-Low线上的电压不大于1.4 V，如图2-35所示。

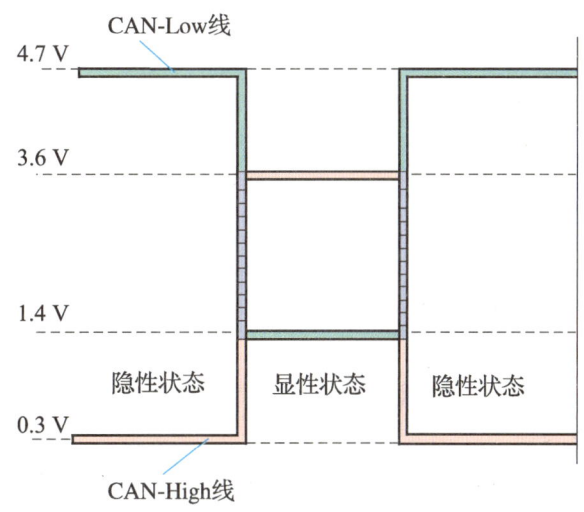

图2-35 低速CAN总线系统的电压变化

2. 数据接收

低速CAN总线系统通过接收器来接收数据，其工作原理与高速CAN总线系统基本相同，但是低速CAN总线系统的输出电压、工作模式等与高速CAN总线系统不同。

在低速CAN总线系统接收数据的过程中，接收器会通过内部的故障逻辑电路对数据传输总线上的信号进行监视。一旦出现故障（如某数据传输总线断开），故障逻辑电路就会立即识别出来并选择无故障的数据传输总线进行数据传输，这时低速CAN总线系统将采用单线工作模式，其波形如图2-36所示。

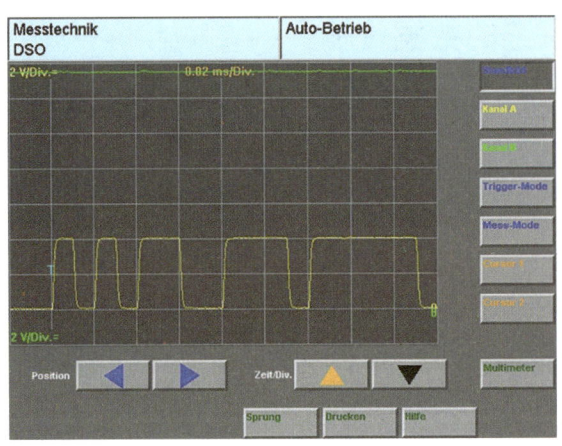

图2-36 低速CAN总线系统在单线工作模式下的波形

2.3.2 低速CAN总线系统的故障类型

低速CAN总线系统的故障类型一般有电源故障、链路故障和节点故障三种。

电源故障是指汽车电源提供的电压低于低速CAN总线系统的工作电压，导致部分电控单元无法正常工作，从而影响通信。

链路故障主要包括短路故障和断路故障。其中，短路故障主要包括数据传输总线自身短路、数据传输总线对正极短路和数据传输总线对地短路等；断路故障主要是指低速CAN总线系统内部线路断开。

节点故障主要是指低速CAN总线系统中的电控单元发生故障。

2.3.3 低速CAN总线系统的检修方法

利用汽车检测仪对低速CAN总线系统检修的步骤与高速CAN总线系统一致，下面主要介绍用万用表检修和用示波器检修两种检修方法。

1. 用万用表检修

在低速CAN总线系统中，万用表主要用来检测电压。当低速CAN总线系统无数据传输时，CAN-High线上的电压约为0 V；有数据传输时，电压在0～5 V之间高频波动。因此，CAN-High线的主体电压为0 V，万用表的测量值应在0.35 V左右，若万用表上显示的电压值与此不符，则说明低速CAN总线系统存在故障，应进行维修。

当低速CAN总线系统无数据传输时，CAN-Low线上的电压约为5 V；有数据传输时，电压在0～5 V之间高频波动。因此，CAN-High线的主体电压为5 V，万用表的测量值应在4.65 V左右，若万用表上显示的电压值与此不符，则说明低速CAN总线系统存在故障，应进行维修。

2. 用示波器检修

1) 连接示波器并设置参数

（1）连接示波器，其步骤与检修高速CAN总线系统时一样。

（2）设置示波器的相关参数，如图2-37所示。

项目2 CAN总线系统检修

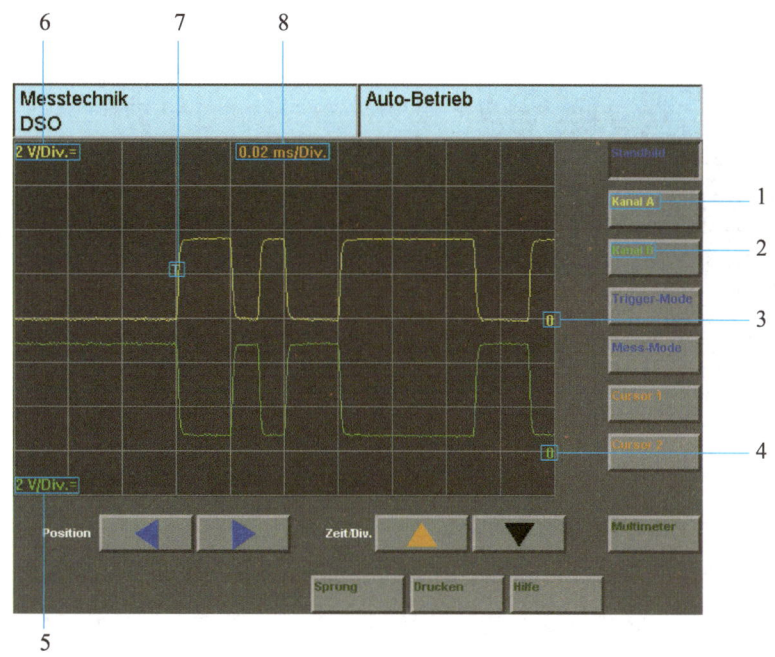

1—通道A用于检测CAN-High线的信号；2—通道B用于检测CAN-Low线的信号；3—通道A信号的零电位线；4—通道B信号的零电位线；5—通道B的电压/单位设定（一般为2 V/格）；6—通道A的电压/单位设定（同上）；7—触发点设定（位于被检测信号的变化范围内）；8—时间/单位设定（应尽可能小一些，最小为0.02 ms/格）。

图2-37 设置示波器的相关参数

当一根数据传输总线发生故障时，低速CAN总线系统会进入单线工作模式，而高速CAN总线系统将无法继续工作，你知道这是为什么吗？

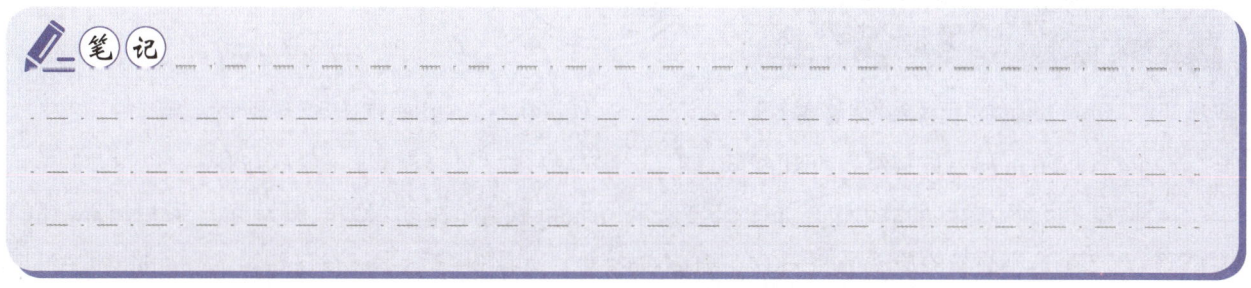

2）分析故障波形

用示波器对低速CAN总线系统进行检测时，通过分析波形，即可确定故障原因。下面对低速CAN总线系统的各种故障波形进行分析。

（1）CAN-High线与CAN-Low线之间短路的故障波形。

CAN-High线与CAN-Low线之间短路的故障波形如图2-38所示。此时，CAN-High线与CAN-Low线的波形是一致的。产生这种故障的原因可能是CAN-High线和CAN-Low线连接在一起引起短路，如图2-39所示。在这种情况下，低速CAN总线系统进入单线工作模式，即只有一根数据传输总线在工作。

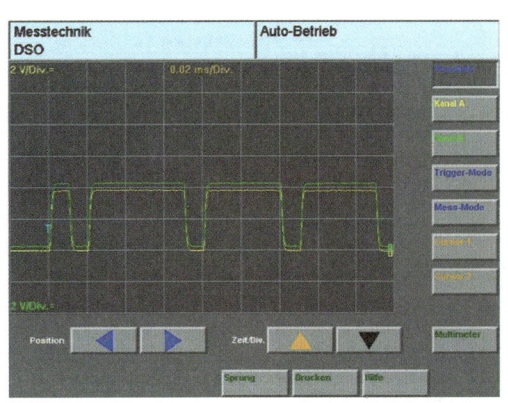 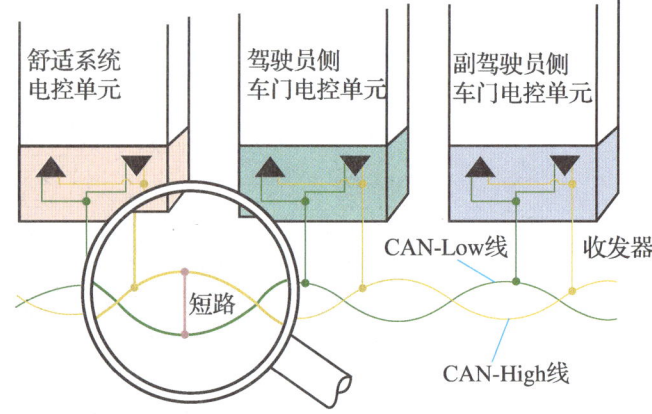

图2-38　CAN-High线与CAN-Low线之间短路的故障波形　　图2-39　CAN-High线与CAN-Low线之间短路的示意图

（2）CAN-High线对正极短路的故障波形。

CAN-High线对正极短路的故障波形如图2-40所示。此时，CAN-High线的电压为12 V（蓄电池电压），CAN-Low线的电压正常。产生这种故障的原因可能是CAN-High线与正极连接，如图2-41所示。在这种情况下，低速CAN总线系统进入单线工作模式。

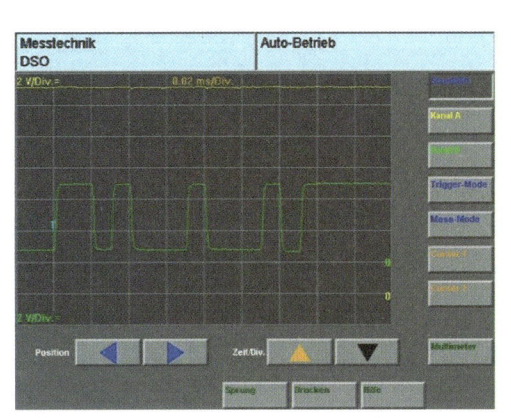 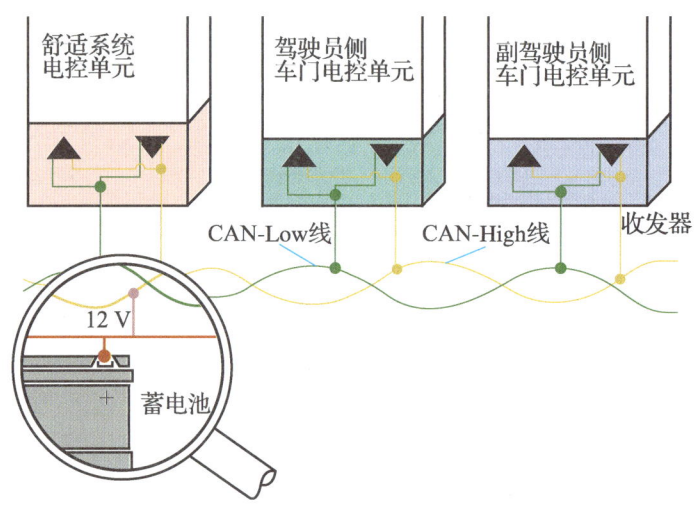

图2-40　CAN-High线对正极短路的故障波形　　图2-41　CAN-High线对正极短路的示意图

（3）CAN-High线对地短路的故障波形。

CAN-High线对地短路的故障波形如图2-42所示。此时，CAN-High线的电压为0 V，CAN-Low线的电压正常。产生这种故障的原因可能是CAN-High线接地，如图2-43所示。在这种情况下，低速CAN总线系统进入单线工作模式。

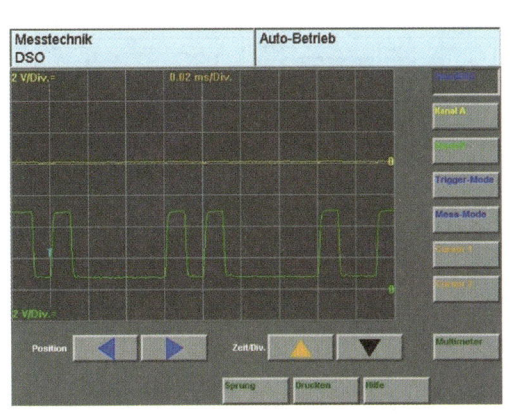

图2-42 CAN-High线对地短路的故障波形

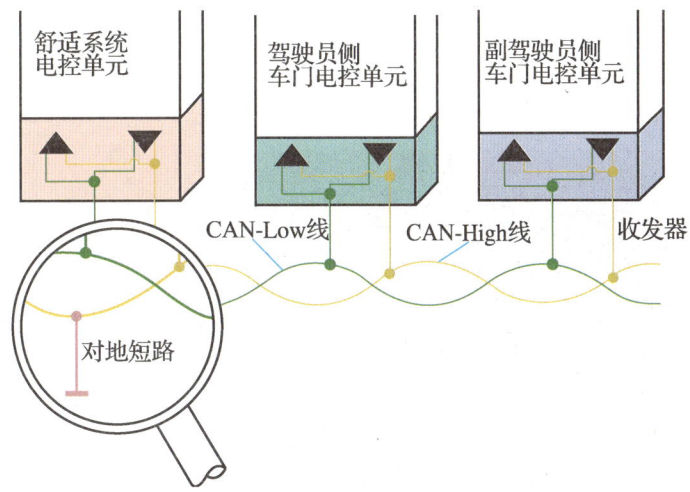

图2-43 CAN-High线对地短路的示意图

（4）CAN-Low线对正极短路的故障波形。

CAN-Low线对正极短路的故障波形如图2-44所示。此时，CAN-Low线的电压为12 V（蓄电池电压），CAN-High线的电压正常。产生这种故障的原因可能是CAN-Low线与正极连接，如图2-45所示。在这种情况下，低速CAN总线系统进入单线工作模式。

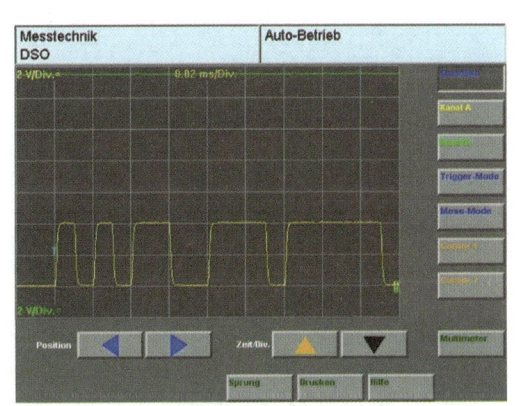

图2-44 CAN-Low线对正极短路的故障波形

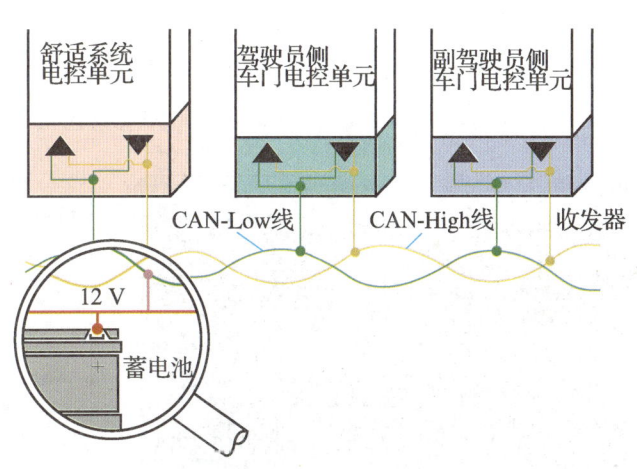

图2-45 CAN-Low线对正极短路的示意图

（5）CAN-Low线对地短路的故障波形。

CAN-Low线对地短路的故障波形如图2-46所示。此时，CAN-Low线的电压为0 V，CAN-High线的电压正常。产生这种故障的原因可能是CAN-Low线接地，如图2-47所示。在这种情况下，低速CAN总线系统进入单线工作模式。

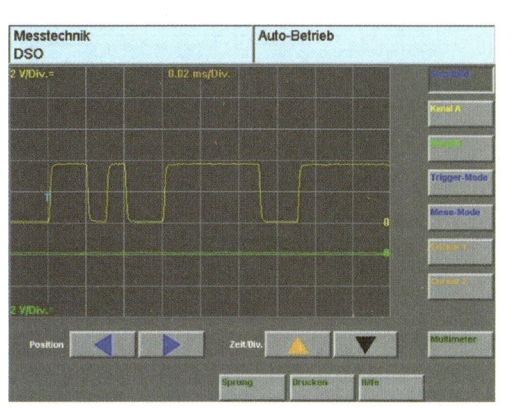

图2-46　CAN-Low线对地短路的故障波形

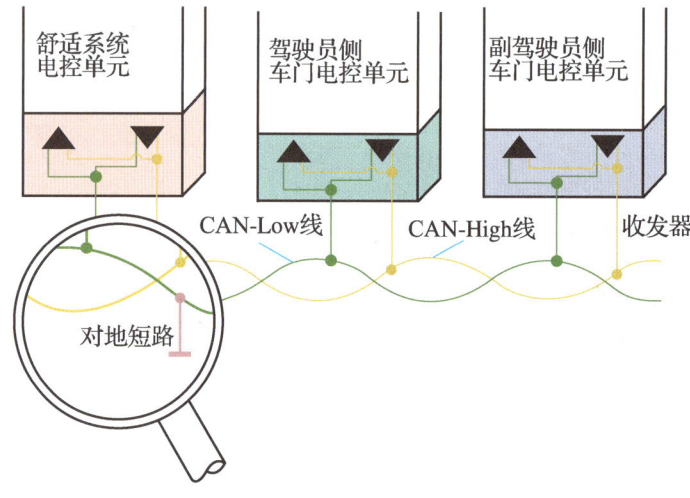

图2-47　CAN-Low线对地短路的示意图

（6）CAN-High线断路的故障波形。

CAN-High线断路的故障波形如图2-48所示。此时，CAN-High线的电压长时间为0 V，但有变化；CAN-Low线的电压正常。产生这种故障的原因可能是CAN-High线断开，如图2-49所示。在这种情况下，低速CAN总线系统的部分电控单元的工作模式为双线，部分电控单元的工作模式为单线。当采用单线工作模式的电控单元向外传输信息时，其他电控单元只能通过单线接收信息；当正常的电控单元向外传输信息时，采用单线工作模式的电控单元只能通过单线接收信息，其他正常的电控单元则通过双线接收信息。对于这种故障，可通过拔插电控单元并观察波形的变化来判断发生故障的位置。

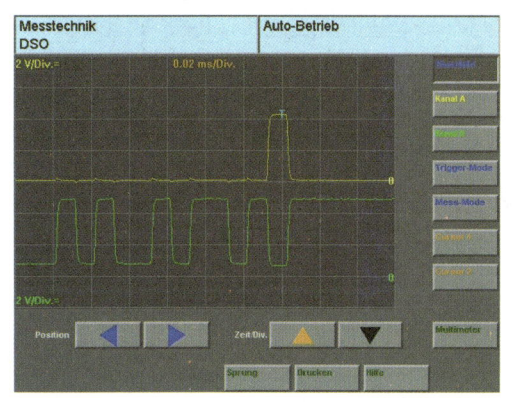

图2-48　CAN-High线断路的故障波形

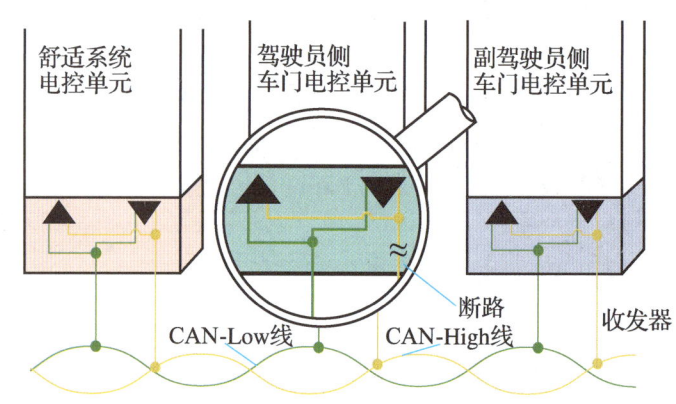

图2-49　CAN-High线断路的示意图

（7）CAN-Low线断路的故障波形。

CAN-Low线断路的故障波形如图2-50所示。此时，CAN-Low线上的电压为5 V的隐性电压和一个一数位长的1 V显性电压。产生这种故障的原因可能是CAN-Low线断开，如图2-51所示。此时，低速CAN总线系统的部分电控单元的工作模式为双线，部分电控单元的工作模式为单线。对于这种故障，可通过拔插电控单元并观察波形的变化来判断发生故障的位置。

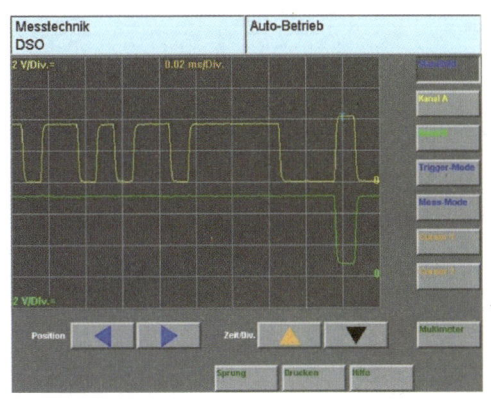 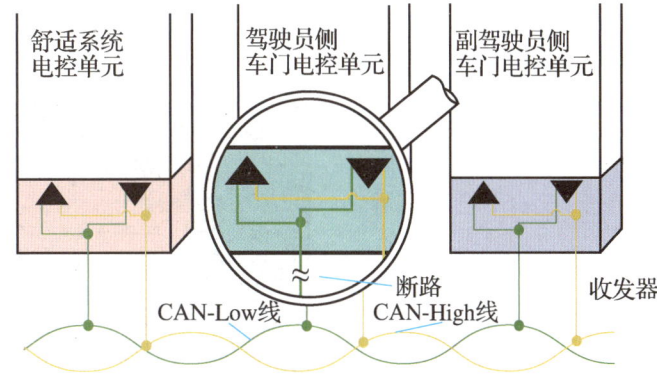

图 2-50　CAN-Low 线断路的故障波形　　　　图 2-51　CAN-Low 线断路的示意图

（8）CAN-High 线通过接触电阻对正极短路的故障波形。

CAN-High 线通过接触电阻对正极短路的故障波形如图 2-52 所示。此时，CAN-High 线的隐性电压大于 0 V（正常应为 0 V），且该电压会随着接触电阻的减小而增大。

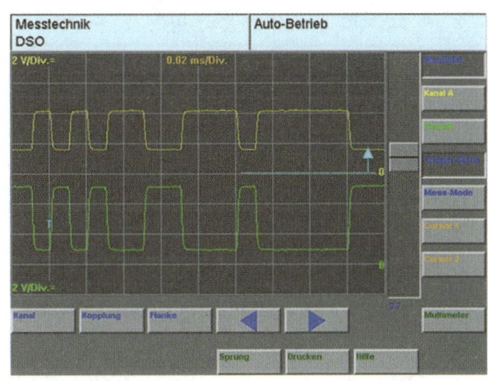

图 2-52　CAN-High 线通过接触电阻对正极短路的故障波形

（9）CAN-High 线通过接触电阻对地短路的故障波形。

CAN-High 线通过接触电阻对地短路的故障波形如图 2-53 所示。此时，CAN-High 线上的显性电压小于 4 V（正常应为 4 V），且该电压会随着接触电阻的减小而减小。

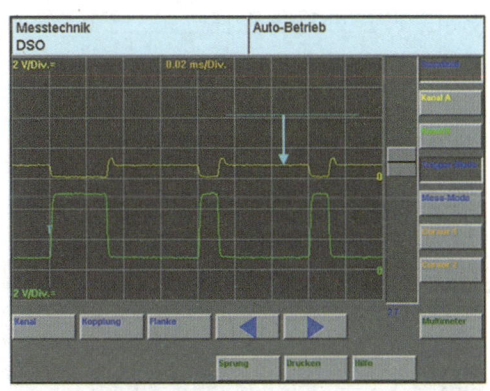

图 2-53　CAN-High 线通过接触电阻对地短路的故障波形

（10）CAN-Low 线通过接触电阻对正极短路的故障波形。

CAN-Low 线通过接触电阻对正极短路的故障波形如图 2-54 所示。此时，CAN-Low 线上的隐性电压大于5 V（正常应为5 V），且该电压会随着接触电阻的减小而增大。

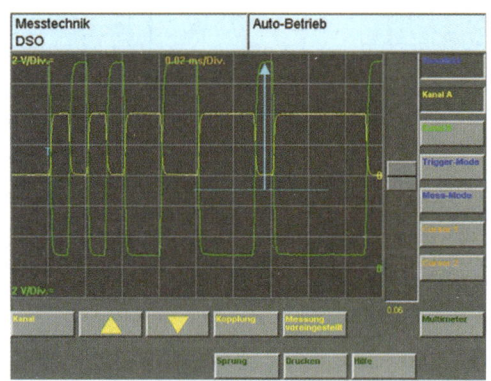

图2-54　CAN-Low线通过接触电阻对正极短路的故障波形

（11）CAN-Low 线通过接触电阻对地短路的故障波形。

CAN-Low线通过接触电阻对地短路的故障波形如图2-55所示。此时，CAN-Low线上的隐性电压小于5 V（正常应为5 V），且该电压会随着接触电阻的减小而减小。

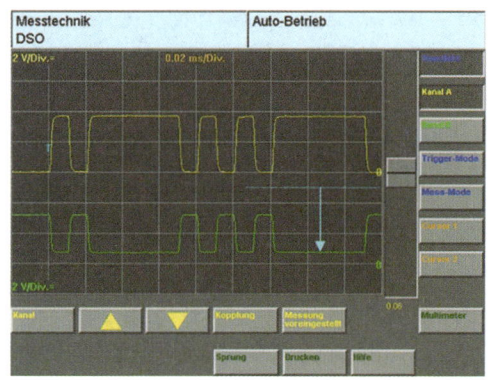

图2-55　CAN-Low线通过接触电阻对地短路的故障波形

（12）CAN-High 线与 CAN-Low 线之间通过接触电阻短路的故障波形。

CAN-High线与CAN-Low线之间通过接触电阻短路的故障波形如图2-56所示。此时，CAN-High线与CAN-Low线的显性电压均正常，CAN-High线的隐性电压大于0 V（正常应为0 V），CAN-Low线的隐性电压小于5 V（正常应为5 V）。

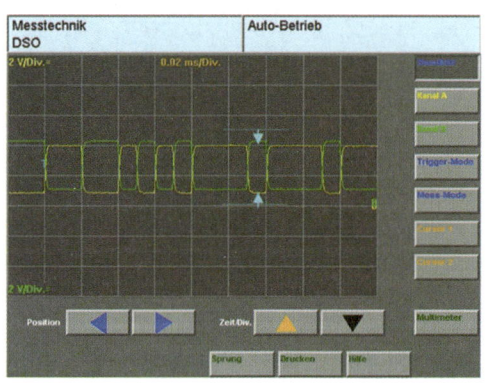

图2-56　CAN-High线与CAN-Low线之间通过接触电阻短路的故障波形

（13）CAN-High 线与 CAN-Low 线交叉连接的故障波形。

CAN-High线与CAN-Low线交叉连接的故障波形如图2-57所示。此时，数据传输总线的隐性电压存在偏移，且CAN-High线上的隐性电压会增大，CAN-Low线上的隐性电压会减小。对于这种故障，可通过拔插电控单元，并观察波形的变化来判断发生故障的位置。这种故障通常发生在最后一个能正常工作的电控单元和第一个不能正常工作的电控单元之间，一般是因为检修人员在检修低速CAN总线系统时将两根线接反，如图2-58所示。

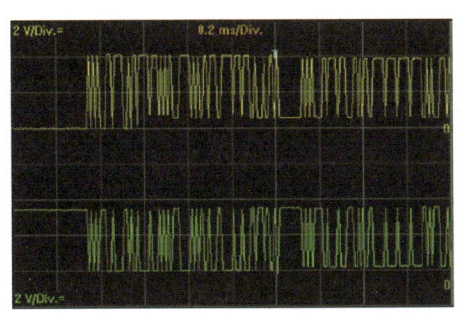

图2-57　CAN-High线与CAN-Low线交叉连接的故障波形

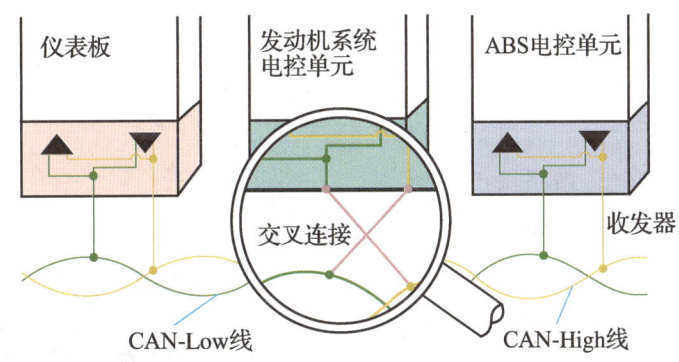

图2-58　CAN-High线与CAN-Low线交叉连接的示意图

（1）故障现象。

一辆汽车的中控门锁和电动玻璃升降器不能正常工作。

（2）故障检修。

车门电控单元和中央电器电控单元是控制中控门锁和电动玻璃升降器的主要电控单元，它们之间是通过低速CAN数据传输总线进行数据传输的，因此检修人员判断可能是低速CAN总线系统发生故障。

检修人员首先利用汽车检测仪读取故障码，发现低速CAN总线系统出现通信故障。进一步检查与低速CAN总线系统的连接中央电器电控单元、车门电控单元的情况，发现中央电器电控单元内部损坏。更换中央电器电控单元后，清除故障码并试车，中控门锁和电动玻璃升降器恢复正常工作，故障排除。

实践操作2.3——检测低速CAN总线系统的波形

1. 情景描述

示波器可以把低速CAN总线系统的电平信号以波形的形式展现出来。通过分析故障波形,检修人员可以快速判断故障原因,并对低速CAN总线系统进行检修,以保证汽车的正常运行。某校汽车专业的学生到当地一家汽车维修厂实习,该汽车维修厂的王师傅通过一辆吉利帝豪EV450汽车向他们展示如何检测低速CAN总线系统的波形,学生小李做了详细记录。

扫一扫

检测低速CAN总线系统的波形

2. 准备工作

(1)工具设备:示波器、拆装专用工具和设备、人员安全防护用品(绝缘手套、绝缘鞋、护目镜、安全帽、绝缘垫)。

(2)实训汽车型号:吉利帝豪EV450。

(3)辅助资料:检修手册、汽车电路图手册、教材。

3. 操作步骤

(1)将示波器连接到汽车上,如图2-59所示。

(2)设置示波器的参数,如图2-60所示。

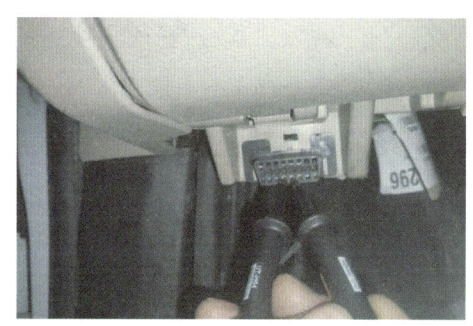

图2-59 将示波器连接到汽车上

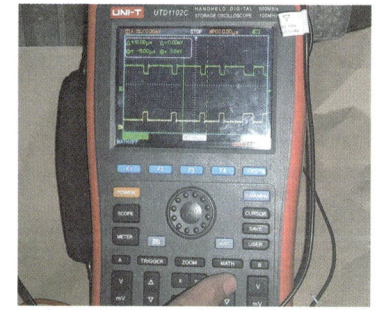

图2-60 设置示波器的参数

(3)读取低速CAN总线系统的波形,如图2-61所示。其中,黄色波形反映了CAN-High线上的电压变化情况,绿色波形反映了CAN-Low线上的电压变化情况。

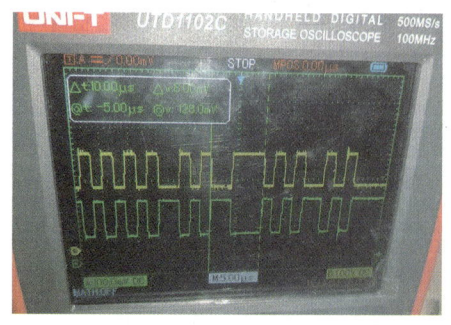

图2-61 读取低速CAN总线系统的波形

（4）将低速CAN总线系统的CAN-High线与正极连接，此时示波器显示的波形为CAN-High线对正极短路的故障波形，如图2-62所示。

（5）将低速CAN总线系统的CAN-High线接地，此时示波器显示的波形为CAN-High线对地短路的故障波形，如图2-63所示。

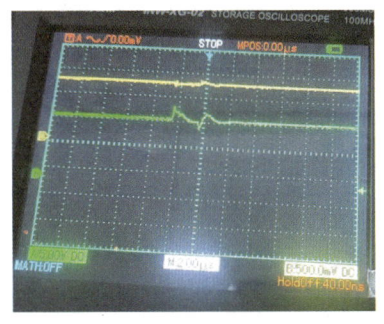　　　　　　　　　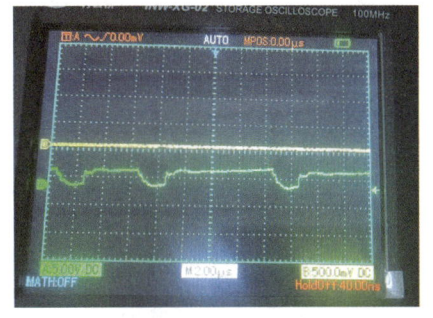

图2-62　CAN-High线对正极短路的故障波形　　　图2-63　CAN-High线对地短路的故障波形

（6）将低速CAN总线系统的CAN-Low线与正极连接，此时示波器显示的波形为CAN-Low线对正极短路的故障波形，如图2-64所示。

（7）将低速CAN总线系统的CAN-Low线接地，此时示波器显示的波形为CAN-Low线对地短路的故障波形，如图2-65所示。

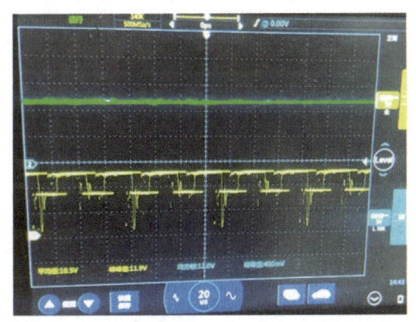　　　　　　　　　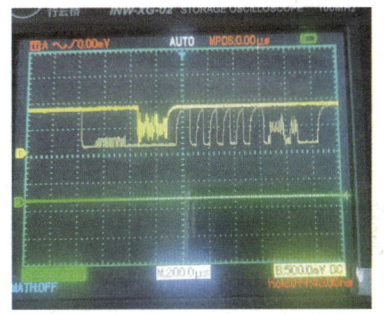

图2-64　CAN-Low线对正极短路的故障波形　　　图2-65　CAN-Low线对地短路的故障波形

素养之窗——CAN芯片迎来国产替代机遇

随着汽车电子技术的发展，CAN总线系统广泛用于汽车各种控制区域，如智能座舱控制区域、辅助驾驶控制区域、汽车电源与电机控制区域、车身控制区域等，成为汽车车载网络与工业底层设备通信的关键纽带。

收发器作为CAN总线系统接收和发送信息的装置，在汽车车载网络系统中的重要性不言而喻。为了实现不同性质、不同速率汽车车载网络系统之间的通信，人们一直都致力于更高速率的CAN收发器芯片的研究。近年来，在"缺芯"潮的影响下，我国在不断攻关相关技术难题，推出了一系列国产CAN收发器芯片。

SIT1043芯片作为国产CAN收发器芯片，大大提高了CAN总线系统的性能。该芯片将CAN总线系统的数据传输率从1 M/s提升至5 M/s，将数据容量提升为之前的8倍。此外，该芯片还可以降低错误帧的漏检率，支持休眠、远程唤醒等功能。采用SIT1043芯片的CAN总线系统以其更优的性能被视作下一代主流汽车总线系统。

国产芯片被多家主机厂和汽车供应商购买，并广泛应用于汽车上，有效填补了国内市场空缺。我国相关汽车技术的进步，让"中国芯"有了越来越多的用武之地。在芯片受到不确定因素影响、极易出现供应缺口的今天，国产芯片的崛起有效地规避了供应链断裂所带来的风险。

（资料来源：盖世汽车资讯网，有改动）

学习知识检验

1. 填空题

（1）CAN总线系统是为了解决汽车＿＿＿＿＿＿与＿＿＿＿＿＿之间的数据交换而开发的一种串行通信总线系统，是汽车车载网络系统中应用最普遍的一种现场总线系统。

（2）CAN总线系统由＿＿＿＿＿＿、数据传输总线及＿＿＿＿＿＿组成，其中，电控单元有自己的控制器和收发器，且通过数据传输总线进行数据传输。

（3）CAN总线系统中的通信信息是一帧一帧传输的。按照携带信息类型的不同，CAN总线系统的帧可分为4种，它们分别是＿＿＿＿＿＿、远程帧、错误帧和＿＿＿＿＿＿，此外部分帧之间还存在＿＿＿＿＿＿。

（4）错误帧也由CAN总线系统的电控单元发送，用于向其他电控单元＿＿＿＿＿＿，任何电控单元只要检测到CAN总线系统中的＿＿＿＿＿＿就会产生错误帧。

（5）在高速CAN总线系统中，收发器内的＿＿＿＿＿＿接收来自数据传输总线上的电平信号，它其实就是一个＿＿＿＿＿＿，用来处理数据传输总线上的电平信号，并将处理后的电平信号传输至接收区。

（6）在低速CAN总线系统中，当电控单元没有往数据传输总线上发送数据时，数据传输总线处于隐性状态，此时CAN-High线上的电压为＿＿＿＿＿＿，CAN-Low线上的电压为＿＿＿＿＿＿；当电控单元往数据传输总线上发送数据时，数据传输总线处于显性状态，此时CAN-High线上的电压不小于＿＿＿＿＿＿，CAN-Low线上的电压不大于＿＿＿＿＿＿。

（7）在低速CAN总线系统接收数据的过程中，＿＿＿＿＿＿会通过内部的故障逻辑电路对数据传输总线上的信号进行监视。一旦出现故障（如某数据传输总线断开），故障逻辑电路就会立即识别出来并选择无故障的数据传输总线进行数据传输，这时低速CAN总线系统将采用＿＿＿＿＿＿工作模式。

2. 选择题

（1）CAN总线系统的接收器位于（　　）内。

　　A. 收发器　　　　B. 终端电阻　　　　C. 数据传输总线　　　　D. 电控单元

（2）高速CAN总线系统终端电阻的阻值为（　　）。

  A．60 Ω   B．80 Ω

  C．100 Ω   D．120 Ω

（3）CAN总线系统的数据是通过双绞线传输的，其最大稳定传输速率可达（　　）。

  A．0.5 Mb/s   B．1 Mb/s

  C．1.5 Mb/s   D．2 Mb/s

（4）远程帧不包含下列哪个域（　　）。

  A．仲裁域   B．起始域

  C．数据域   D．控制域

（5）检修人员在检修CAN总线系统时，不需要拔插（　　）。

  A．电控单元   B．传感器

  C．CAN-Low线   D．CAN-High线

3．简答题

（1）CAN总线系统有哪些特点？

（2）简述CAN总线系统的数据传输过程。

（3）高速CAN总线系统终端电阻的检测步骤是什么？

（4）高速CAN总线系统发生CAN-High线对正极短路故障时的波形特征是什么，如何进行检修？

（5）什么是低速CAN总线系统的单线工作模式？

学习成果评价

指导老师根据学生对本项目的实际学习成果对其进行评价，学生配合指导老师共同完成如表2-16所示的学习成果评价表。

表2-16 学习成果评价表

班级		组号		日期	
姓名		学号		指导老师	
学习成果/项目名称		CAN总线系统检修			
评价项目	评价内容		评价方式	满分/分	评分/分
知识 40%	CAN总线系统的分类和组成		理论测试	4	
	CAN总线系统的特点			3	
	CAN总线系统的帧类型和数据传输过程			5	
	高速CAN总线系统的数据传输			5	
	高速CAN总线系统的故障类型			4	
	高速CAN总线系统的检修方法			5	
	低速CAN总线系统的数据传输			5	
	低速CAN总线系统的故障类型			4	
	低速CAN总线系统的检修方法			5	
技能 40%	认识CAN总线系统		实践操作	10	
	检测高速CAN总线系统的终端电阻			15	
	检测低速CAN总线系统的波形			15	
素养 20%	积极参加教学活动，主动学习、思考、讨论		综合评判	6	
	认真负责，按时完成学习、实践任务			4	
	团结协作，与组员之间密切配合			4	
	服从指挥，遵守课堂和实训室纪律			4	
	守正创新，自信自强			2	
	合计			100	
自我评价					
老师评价					

项目 3

LIN 总线系统检修

项目导读

　　LIN 总线系统作为一种低成本的单线串行通信网络系统，是对 CAN 总线系统的补充。本项目主要介绍了 LIN 总线系统及其检修的相关知识，旨在使学生认识 LIN 总线系统及其故障类型，并能够对 LIN 总线系统进行检修。

知识目标

1. 熟悉 LIN 总线系统的组成、特点、数据传输过程及原理等内容。
2. 掌握 LIN 总线系统的故障类型和检修方法。

技能目标

1. 能够使用汽车检测仪对 LIN 总线系统的常见故障进行诊断。
2. 能够使用示波器检测 LIN 总线系统的波形，并对其进行分析。

素质目标

1. 增强安全工作的意识，树立正确的理想信念。
2. 养成自主学习、协作学习、探究学习的意识。

任务 3.1　认识 LIN 总线系统

任务引入

在汽车车载网络系统中，一些功能（如车窗控制、电动后视镜调节、座椅加热通风等）对数据容量的要求很小，对实时性的要求也不是很高。如果采用导线直接将各模块连接，则不但会增加导线的使用数量，不利于后期的维修，而且会增加整车的质量；如果采用CAN数据传输总线将各模块连接，则会造成资源浪费和成本增加。为此，人们研究开发了一种低成本的汽车车载网络系统，即LIN总线系统，使其作为CAN总线系统的补充。

请大家思考：什么是LIN总线系统？它是如何进行数据传输的？本任务的知识与技能要求如表3-1所示。

表3-1　知识与技能要求

任务内容	认识LIN总线系统	学习程度		
		识记	理解	应用
学习任务	LIN总线系统的组成和特点	●		
	LIN总线系统的数据传输		●	
实训任务	认识LIN总线系统			●
自我勉励				

任务工单3.1——认识LIN总线系统

1．学生分组

以3～5人为一组，选出组长并进行任务分工，将小组概况及分工情况填入表3-2中。

表3-2　小组概况及分工情况

班级：　　　　　　　　　　组号：　　　　　　　　　　指导老师：

小组成员	姓名	学号	任务分工
组长			
组员			

2．获取信息

在进行实践操作前，需要掌握LIN总线系统的相关知识。请各组组长组织组员收集相关资料，回答下列问题。

引导问题1：什么是LIN总线系统？它由哪几部分组成？

班级 _____ 姓名 _____ 学号 _____

引导问题2：LIN总线系统有哪些特点？

引导问题3：LIN总线系统的帧由哪几部分组成？

引导问题4：LIN总线系统的帧有哪几种类型？

班级 _____ 姓名 _____ 学号 _____

引导问题5：LIN总线系统是如何进行数据传输的？

3. 任务准备

1) 制订计划

（1）根据任务内容制订工作计划，并将其填入表3-3中。

表3-3 工作计划

序号	工作计划	负责人

（2）列出完成工作计划所需要的器材，并将其填入表3-4中。

表3-4 器材清单

序号	名称	型号	规格	数量	备注

班级 _____ 姓名 _____ 学号 _____

2）进行决策

（1）各小组成员针对各自的工作计划展开讨论，并选出最佳的工作计划。

（2）老师对各小组的工作计划给出评价。

（3）各小组成员根据老师的评价对工作计划进行调整。

（4）调整合格后的工作计划即为最终任务实施方案。

4．任务实施

根据最终任务实施方案展开活动。按实际操作过程，将实施内容、遇到的问题及解决办法等记录于表3-5中。

表3-5　任务实施

序号	实施内容	遇到的问题及解决办法

5．课堂小结

_____

_____

_____

_____

_____

项目 3　LIN 总线系统检修

局部连接网络（local interconnect network, LIN）总线系统是用于实现汽车中分布式电子系统控制的一种总线系统。该系统为主从结构，在汽车上主要应用于车门系统、通信系统、认证系统、空调系统等系统中。其数据格式符合UART标准，采用单线传输，工作电压为12 V。

LIN总线系统是CAN总线系统的子系统，为CAN总线系统提供辅助功能，因此其数据传输是由电控单元通过CAN总线和LIN总线共同完成的。

3.1.1　LIN总线系统的组成和特点

1. LIN 总线系统的组成

LIN总线系统由一个主电控单元、多个从电控单元和一根数据传输总线组成，如图3-1所示。

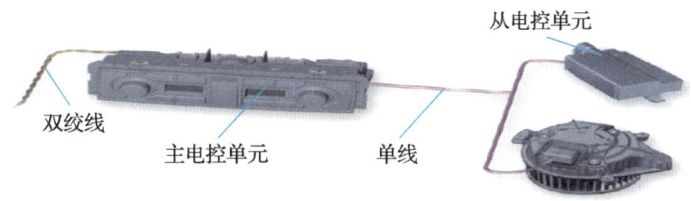

图3-1　LIN总线系统的组成

1）主电控单元

LIN总线系统的主电控单元连接在CAN数据传输总线上，是LIN总线系统中唯一与CAN总线系统相连的电控单元，在两系统之间起"翻译"作用，以便于信息交换，同时监控数据传输过程和数据传输速率。

2）从电控单元

LIN总线系统的从电控单元包括除主电控单元外的所有单个电控单元，其数据传输完全受主电控单元的控制，它在收到主电控单元发出的指令后，通过LIN数据传输总线进行数据传输。

3）LIN 数据传输总线

LIN数据传输总线是用来传输数据的单线，可以实现各电控单元之间的数据传输，如图3-2所示。

图3-2　LIN数据传输总线

2. LIN总线系统的特点

LIN总线系统的特点主要有一主多从方式工作、单线传输、数据传输速率慢、成本低、具有自诊断和防盗功能。

1）一主多从方式工作

一主多从方式工作是指在LIN总线系统中一个主电控单元控制整个网络的通信，多个从电控单元按照主电控单元的指令进行数据传输。

2）单线传输

单线传输是指LIN总线系统通过一根线进行数据传输，所以LIN总线系统的抗干扰能力与CAN总线系统相比大大减弱。

3）数据传输速率慢

LIN总线系统的数据传输速率慢，一般为1～20 kb/s，因此该系统一般用在对数据传输速率要求不高的地方。

4）成本低

LIN总线系统采用通用的UART接口和单线传输方式，其结构较为简单，所以成本较低。

5）具有自诊断功能

自诊断功能是指当LIN总线系统发生故障时，故障相关数据就会被存储在相应电控单元的故障存储器内，以待汽车检测仪读取。

6）具有防盗功能

LIN总线系统具有防盗功能。只有当LIN主电控单元发送出带有相应标识符的帧头后，数据才会传至LIN数据传输总线。由于LIN主电控单元对所有信息进行全面监控，因此无法从车外对LIN数据传输总线进行控制。LIN总线系统的防盗功能提升了汽车整体的安全性。例如，汽车可防止外界通过LIN总线系统打开车门。

3.1.2 LIN总线系统的数据传输

1. LIN总线系统的帧结构和类型

1）LIN总线系统的帧结构

LIN总线系统的帧主要由帧头（信息标题）和应答（信息内容）两部分组成，其结构如图3-3所示。在数据传输的过程中，主电控单元负责发送帧头，从电控单元负责接收帧头，并对帧头进行解析，然后决定是否应答。

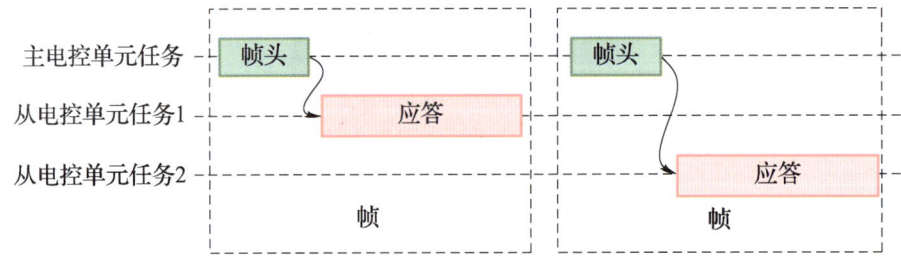

图3-3　LIN总线系统的帧结构

应答主要有两种类型,一种是主电控单元发送带有要求从电控单元回应信息的帧头,从电控单元根据标识符提供相应的回应信息;另一种是主电控单元发出带有指令信号的帧头,从电控单元接收到该信号后执行相应的动作。

(1)帧头。

帧头由同步间隔域、同步域和标识符域组成,其结构如图3-4所示。

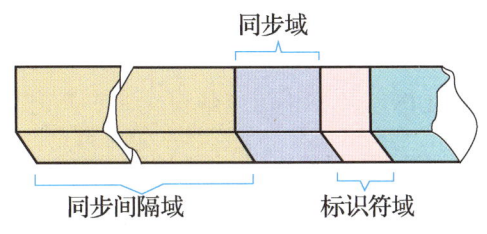

图3-4 帧头结构

同步间隔域:标志着帧的开始,由13个数位组成。

同步域:主要负责调整从电控单元的数据传输速率,由10个数位组成。

标识符域:用于标识帧的类型、发送方和接收方等信息,由8个数位组成。

(2)应答。

应答由数据域和校验和域组成,其结构如图3-5所示。

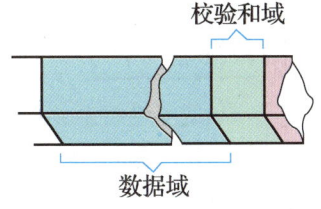

图3-5 应答结构

数据域:主要存放各从电控单元要发送的数据,由8个数位组成。

校验和域:主要负责对所传输的数据进行校验,可以在一定程度上保证数据传输的准确性。

2)LIN总线系统的帧类型

LIN总线系统的帧分为三种,分别是携带帧、诊断帧和保留帧,其中携带帧包括无条件帧、触发帧和偶发帧。

(1)无条件帧是指在任何情况下,其帧头都会被相应从电控单元无条件应答的帧,它不受信号变化的影响。

(2)触发帧是主电控单元在一个时隙中查询各从电控单元的信号是否发生变化时使用的帧。当主电控单元检测到变化时,就会依照进度表,依次向各从电控单元发送无条件帧来确定它们的信息状态。

> 进度表是帧的调度表,规定了LIN数据传输总线上帧的传输次序和传输时间,以及时隙的大小,它位于主电控单元内。在一个帧结构中,每一个帧被划分为若干等长的时间段,每一个时间段就是一个时隙。

(3)偶发帧是主电控单元在自身信号发生变化时向LIN数据传输总线发送的帧。当出现多个偶发帧时,LIN数据传输总线会按照设定的优先级进行仲裁。

(4)诊断帧是用于配置、识别和诊断数据传输的帧。

(5)保留帧是为扩张需求预留的帧。

> 汽车小贴士
>
> LIN总线系统虽然有很多类型的帧,但在一般应用中,通常使用无条件帧来完成通信。需要注意的是,上面介绍的每一种帧都遵循LIN总线系统的帧结构。

2. LIN总线系统的数据传输过程

LIN总线系统的数据传输任务一般分为主任务和从任务。主电控单元既可以执行主任务,又可以执行从任务;而从电控单元只能执行从任务,无须进行传输仲裁,如图3-6所示。

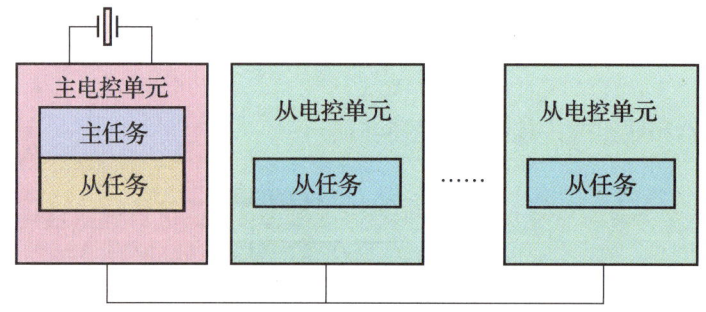

图3-6　LIN总线系统的数据传输任务

LIN总线系统的数据传输过程如下(见图3-7)。

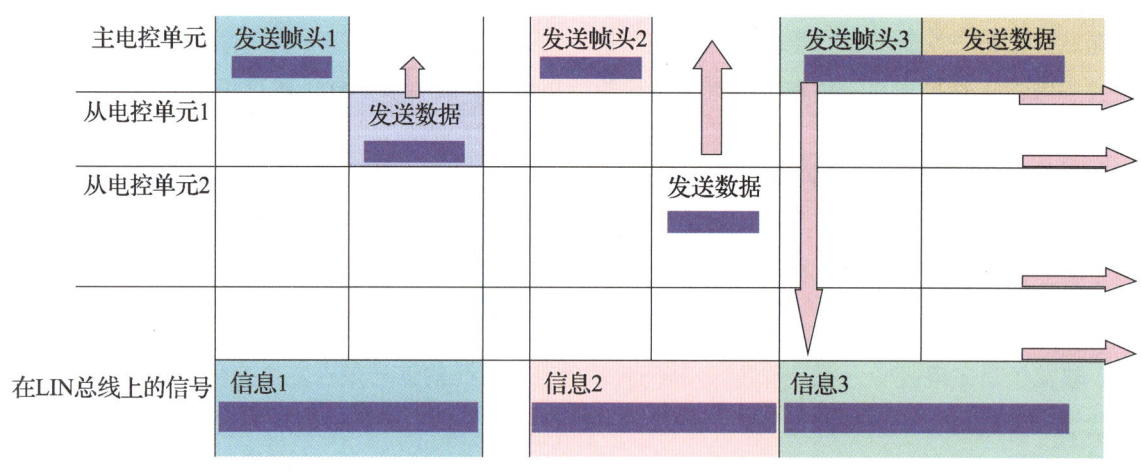

图3-7　LIN总线系统的数据传输过程

LIN总线系统的从电控单元接收到主电控单元发送的帧头后,向数据传输总线发送数据,该数据可被每个电控单元接收。

信息1为主电控单元要求从电控单元1发送的数据。

信息2为主电控单元要求从电控单元2发送的数据。
信息3为主电控单元要发送的数据。

3. LIN总线系统的数据传输原理

LIN总线系统的数据传输总线为单线，最长可达40 m。该系统主电控单元的电阻大小约为1 kΩ，从电控单元的电阻大小约为30 kΩ。LIN总线系统的接口电路如图3-8所示。

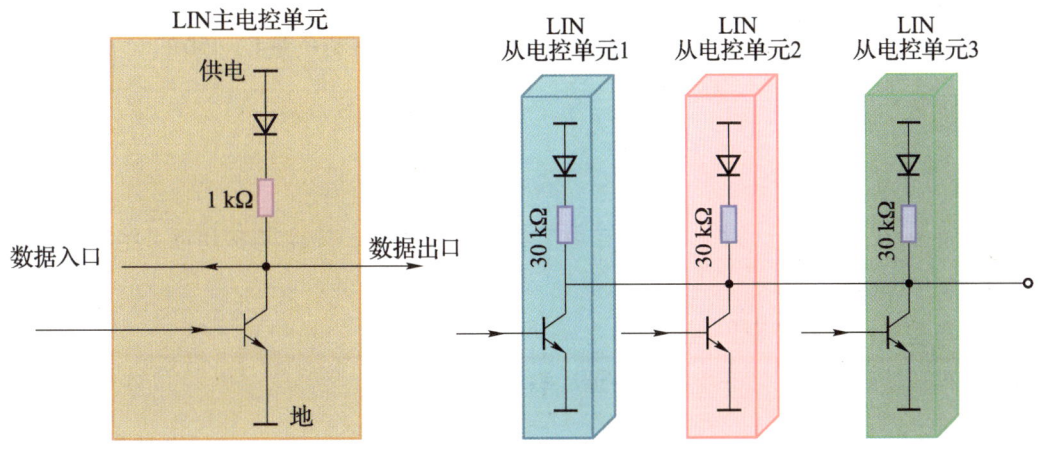

图3-8　LIN总线系统的接口电路

各电控单元在电源正极端接电阻，然后向LIN数据传输总线供电，并通过内部的相关装置拉低LIN数据传输总线的电压。当LIN数据传输总线上没有数据传输时，其上的电压为电源电压，电平信号为隐性电平，用逻辑"1"表示；当有数据传输时，LIN数据传输总线接地，电压为0 V，其上的电平信号为显性电平，用逻辑"0"表示。

在收发隐性电平和显性电平时，LIN总线系统会通过预先设定发送信号的允许电压范围来确保数据传输的稳定性，如图3-9所示。为了在有干扰的情况下仍然能够接收到有效的信号，实际接收信号的允许电压范围要稍大一点，如图3-10所示。

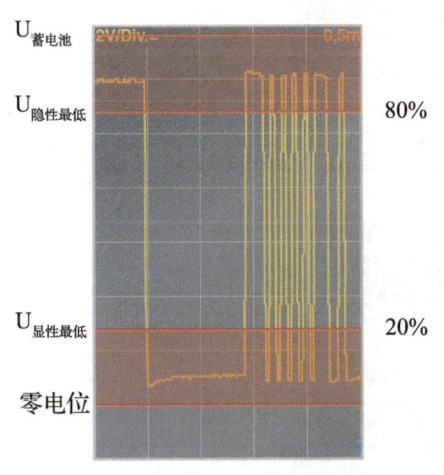

图3-9　发送信号的允许电压范围

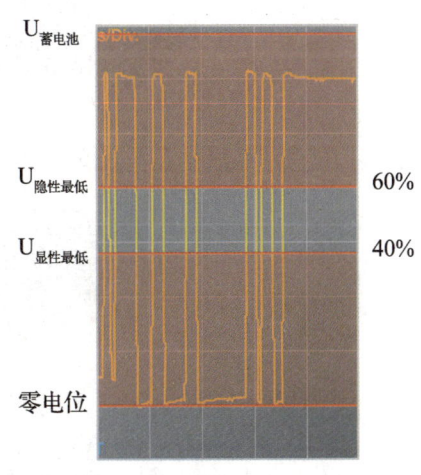

图3-10　实际接收信号的允许电压范围

实践操作3.1——认识LIN总线系统

1. 情景描述

LIN总线系统作为一种单线串行通信网络系统，可实现汽车分布式电子控制。该系统在弥补CAN总线系统数据传输不足的同时，还提供了一种更为廉价的数据传输方式。LIN总线系统在汽车上应用较广。下面简单认识一下吉利帝豪EV450的LIN总线系统。

扫一扫

认识LIN总线系统

2. 准备工作

（1）工具设备：万用表、示波器、拆装专用工具和设备、人员安全防护用品（绝缘手套、绝缘鞋、护目镜、安全帽、绝缘垫）。

（2）实训汽车型号：吉利帝豪EV450。

（3）辅助资料：检修手册、汽车电路图手册、教材。

3. 操作步骤

（1）认识LIN总线系统的组成，LIN总线系统主要由主电控单元、从电控单元和数据传输总线等组成，具体如下。

① 认识LIN总线系统的主电控单元，如图3-11所示。

图3-11　LIN总线系统的主电控单元

② 认识LIN总线系统的从电控单元。如图3-12所示为LIN总线系统的雨刮器电控单元。

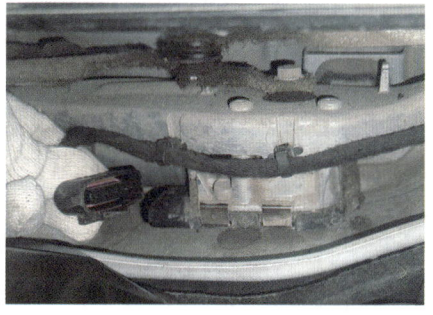

图3-12　LIN总线系统的雨刮器电控单元

③ 认识LIN总线，如图3-13所示。

图3-13　LIN总线

（2）检测LIN总线系统的工作电压，如图3-14所示。

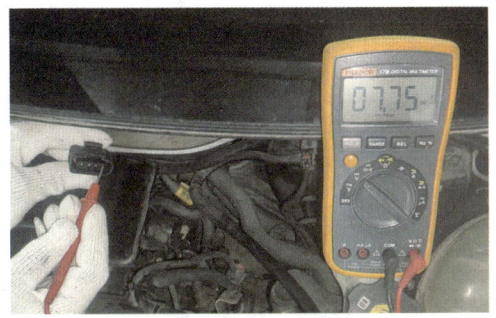

图3-14　检测LIN总线系统的工作电压

（3）检测LIN总线系统的波形，如图3-15所示。

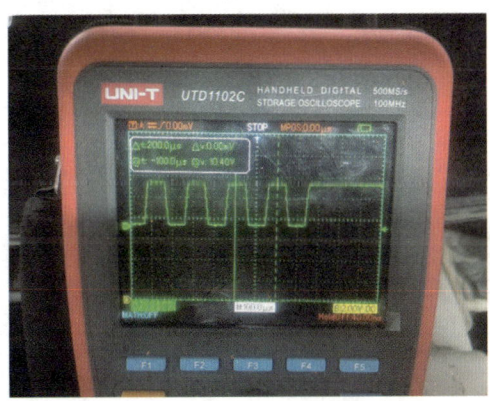

图3-15　检测LIN总线系统的波形

任务 3.2 检修 LIN 总线系统

任务引入

一天，李某在开车回家的途中遇到了大雨。为了看清路况，李某打开雨刮器开关，却发现雨刮器不工作，于是立即将车停靠在路边，待雨停后将车开到汽车维修厂进行检修。检修人员首先确认了故障现象，然后根据故障现象确定了一套诊断流程，并对可能发生故障的区域逐步排查，最终发现雨刮器开关和雨刮器之间的LIN数据传输总线出现通信故障。

请大家思考：LIN总线系统有哪些故障？如何对LIN总线系统进行检修？本任务的知识与技能要求如表3-6所示。

表3-6　知识与技能要求

任务内容	检修LIN总线系统	学习程度		
		识记	理解	应用
学习任务	LIN总线系统的故障类型		●	
	LIN总线系统的检修方法	●		
实训任务	检修LIN总线系统			●
自我勉励				

班级 _____ 姓名 _____ 学号 _____

任务工单3.2——检修LIN总线系统

1. 学生分组

以3～5人为一组，选出组长并进行任务分工，将小组概况及分工情况填入表3-7中。

表3-7 小组概况及分工情况

班级：		组号：		指导老师：
小组成员	姓名	学号	任务分工	
组长				
组员				

2. 获取信息

在进行实践操作前，需要掌握检修LIN总线系统的相关知识。请各组组长组织组员收集相关资料，回答下列问题。

引导问题1：LIN总线系统的故障类型有哪些？

班级 _____ 姓名 _____ 学号 _____

引导问题2： 如何用万用表对LIN总线系统进行检修？

引导问题3： 如何用万用表检测LIN总线系统的电压？

引导问题4：LIN总线系统的故障波形有哪些？

3. 任务准备

1）制订计划

（1）根据任务内容制订工作计划，并将其填入表3-8中。

表3-8 工作计划

序号	工作计划	负责人

（2）列出完成工作计划所需要的器材，并将其填入表3-9中。

表3-9 器材清单

序号	名称	型号	规格	数量	备注

班级 _____ 姓名 _____ 学号 _____

2）进行决策

（1）各小组成员针对各自的工作计划展开讨论，并选出最佳的工作计划。

（2）老师对各小组的工作计划给出评价。

（3）各小组成员根据老师的评价对工作计划进行调整。

（4）调整合格后的工作计划即为最终任务实施方案。

4．任务实施

根据最终任务实施方案展开活动。按实际操作过程，将实施内容、遇到的问题及解决办法等记录于表3-10中。

表3-10　任务实施

序号	实施内容	遇到的问题及解决办法

5．课堂小结

_____

_____

_____

_____

_____

3.2.1 LIN总线系统的故障类型

LIN总线系统的故障类型一般有电源故障、链路故障和节点故障3种。

电源故障是指汽车电源提供的电压低于LIN总线系统的正常工作电压，从而影响LIN总线系统的正常工作。

链路故障主要包括短路故障和断路故障。短路故障主要包括LIN数据传输总线对正极短路、LIN数据传输总线对地短路、LIN数据传输总线对CAN-High线短路和LIN数据传输总线对CAN-Low线短路等。断路故障是指LIN数据传输总线断开，如图3-16所示。当LIN数据传输总线在位置1处断开时，所有从电控单元均不能正常工作；当LIN数据传输总线在位置2或3处断开时，从电控单元2或3将不能正常工作。

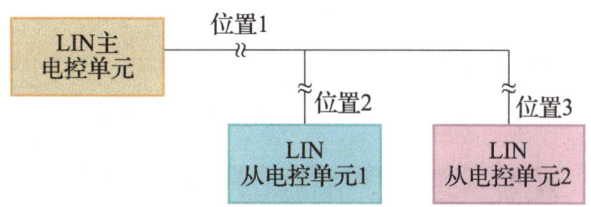

图3-16　LIN总线系统断路故障

节点故障主要是指LIN总线系统的主电控单元故障和从电控单元故障。

3.2.2 LIN总线系统的检修方法

用汽车检测仪对LIN总线系统检修的步骤与CAN总线系统一致，下面主要介绍用万用表检修和示波器检修两种检修方法。

1．用万用表检修

万用表可用来检测LIN总线系统的电压。其电压在0～12 V范围内波动，万用表的测量值一般为10 V左右。若实际检测出的电压过大或者过小，则说明LIN总线系统发生了短路、断路等故障，应进行维修。

2．用示波器检修

与CAN总线系统类似，我们可以用示波器检测LIN总线系统的波形，通过分析波形来判断故障原因，并进行相应的维修。下面对LIN总线系统的几种常见故障波形进行分析。

1）LIN 数据传输总线对正极短路的故障波形

LIN数据传输总线对正极短路的故障波形如图3-17所示。此时，LIN数据传输总线电压被拉高为12 V，即电源电压，波形为一条直线。

2）LIN 数据传输总线对地短路的故障波形

LIN数据传输总线对地短路的故障波形如图3-18所示。此时，LIN数据传输总线的电压降低为0 V，波形为一条直线。

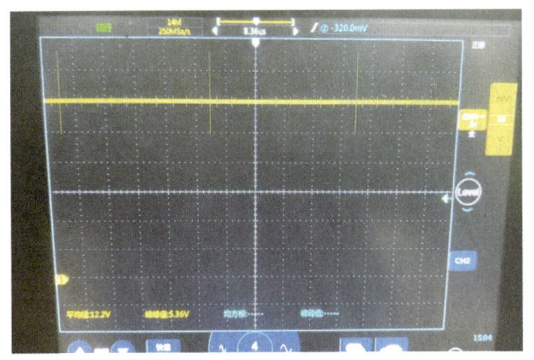

图3-17 LIN数据传输总线对正极短路的故障波形

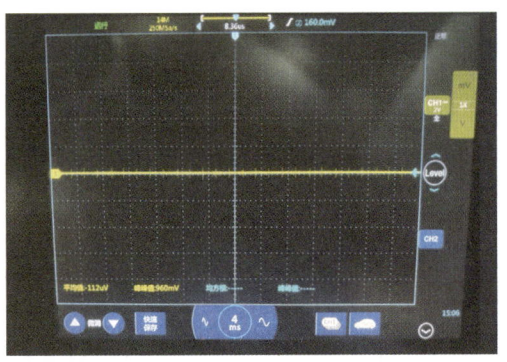

图3-18 LIN数据传输总线对地短路的故障波形

3）LIN 数据传输总线对 CAN-High 线短路的故障波形

LIN数据传输总线对CAN-High线短路的故障波形如图3-19所示。此时，LIN数据传输总线的隐性电压被拉低为7V左右，显性电压无法达到最低，LIN总线系统无法通过预设的公差值来保证数据传输的稳定性。

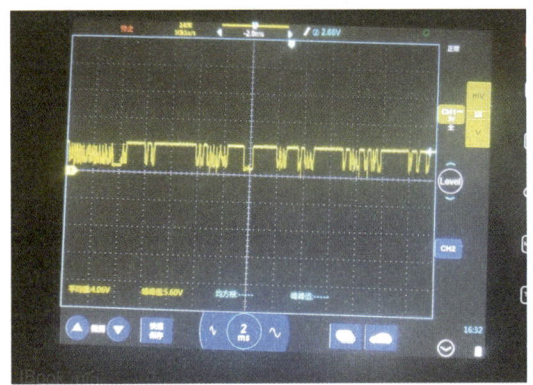

图3-19 LIN数据传输总线对CAN-High线短路的故障波形

4）LIN 数据传输总线对 CAN-Low 线短路的故障波形

LIN数据传输总线对CAN-Low线短路的故障波形如图3-20所示。此时，LIN数据传输总线的隐性电压被拉低到7V左右，显性电压无法达到最低，LIN总线系统无法通过预设的公差值来保证数据传输的稳定性。

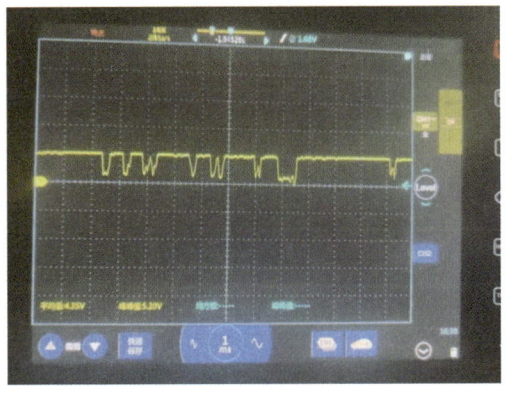

图3-20 LIN数据传输总线对CAN-Low线短路的故障波形

案例荟萃

（1）故障现象。

在车辆运行过程中，司机无法通过车灯开关关闭车灯。

（2）故障检修。

检修人员分析发现，导致该故障发生的原因较多，如车灯开关电控单元故障、车灯开关电源故障或LIN数据传输总线出现短路、断路故障等。检修人员利用汽车检测仪对LIN总线系统进行检测后，分析确认故障点应集中在车灯开关电控单元或LIN数据传输总线上。断开车灯开关电控单元后测量LIN数据传输总线的电压，发现电压波形以正常的方波形式变化，由此判断是车灯开关电控单元内部损坏。更换车灯开关电控单元后，清除故障码并试车，故障消失。

实践操作3.2——检修LIN总线系统

1．情景描述

小王于3年前购置了一辆吉利帝豪EV450汽车，目前该汽车的行驶里程已达5万千米。近日，在驾驶车辆的过程中，小王发现该汽车的雨刮器突然不工作了，于是来到汽车维修厂，让检修人员对该汽车进行检修。

检修LIN总线系统

2．准备工作

（1）工具设备：汽车检测仪、万用表、示波器、拆装专用工具和设备、人员安全防护用品（绝缘手套、绝缘鞋、护目镜、安全帽、绝缘垫）。

（2）实训汽车型号：吉利帝豪EV450。

（3）辅助资料：检修手册、汽车电路图手册、教材。

3．操作步骤

（1）观察并确认故障现象，该汽车的故障现象为汽车的雨刮器不工作。

（2）将汽车检测仪连接到汽车上，读取故障码，故障内容为"与LIN总线上的设备失去通信"，如图3-21所示。

（3）根据故障现象和故障码的内容，对LIN总线系统进行故障排除，具体步骤如下。

① 检测LIN总线的电压是否正常。将万用表的挡位选择开关置于电压挡，测量LIN总线与搭铁之间的电压，如图3-22所示。此时LIN总线与搭铁之间的电压约为0 V，说明LIN总线上没有电压。

② 检测LIN总线的电阻是否正常。将万用表的挡位选择开关置于电阻挡，测量LIN总线与搭铁之间的电阻，如图3-23所示。此时LIN总线与搭铁之间的电阻为0 Ω，说明LIN总线系统存在短路故障。

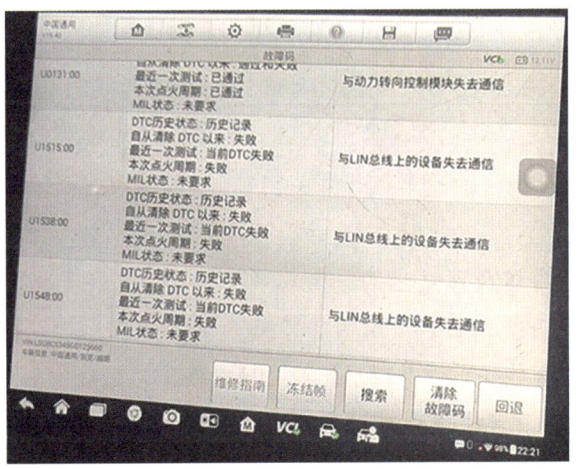

图3-21 读取故障码

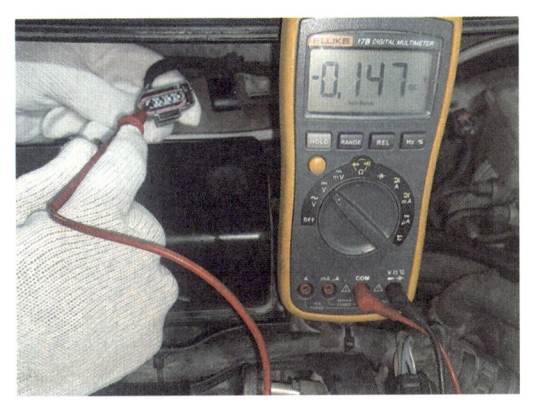

图3-22 测量LIN总线与搭铁之间的电压

图3-23 测量LIN总线与搭铁之间的电阻

③ 检查LIN总线系统的线路，发现LIN数据传输总线与搭铁线之间短路，如图3-24所示。

④ 将LIN数据传输总线与搭铁线分开并进行绝缘处理，然后重新检测LIN总线系统的电压，电压值恢复正常，如图3-25所示。

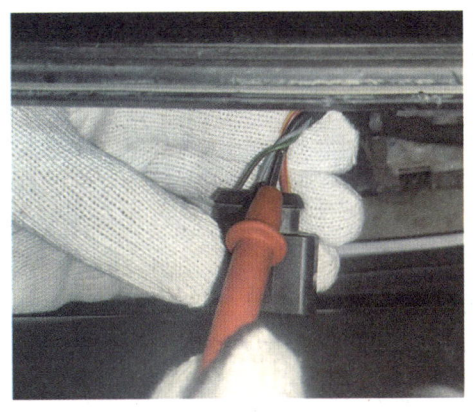

图3-24 LIN数据传输总线与搭铁线之间短路

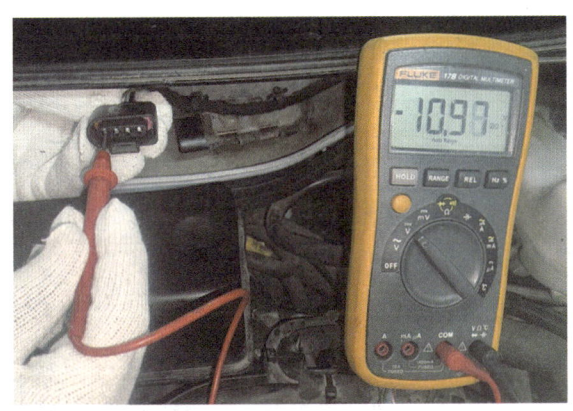

图3-25 电压值恢复正常

项目 3　LIN 总线系统检修

（4）清除故障码后再次读取故障码，未侦测到故障码，故障排除，如图 3-26 所示。

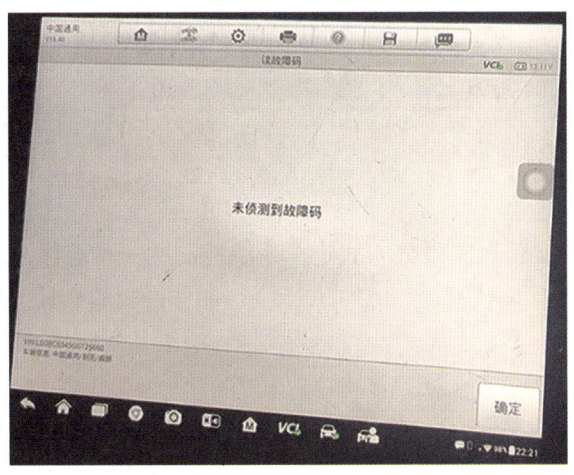

图 3-26　未侦测到故障码

 素养之窗——技术创新推动汽车电子产业的发展

> 汽车电子技术作为汽车车载网络系统的核心技术，是汽车产业链上游的重要组成部分。其创新和发展已经成为推动汽车电子产业发展的重要力量。
>
> 我国对汽车电子产业的发展给予持续的政策支持，主要包括三方面：一是高度关注智能网联汽车领域的开发应用；二是支持先进汽车电子核心技术的研发，如车规级芯片、车载高精度传感器、车载智能终端等技术的研发；三是支持汽车电子软硬件协同研发突破。2020 年 2 月国家发改委等 11 部委联合印发《智能汽车创新发展战略》，从技术创新、产业生态、基础设施、规范体系、安全防护等多方面推动汽车电子产业的发展。
>
> 汽车产业电动化、智能化、网联化的变革进一步推动全球汽车电子产业的发展。随着智能网联汽车被列为我国汽车发展的重要战略方向之一，汽车电子产业的增长潜力还将得到进一步释放。在我国智能网联汽车战略和国产化替代趋势的双重推动下，预计未来几年我国汽车电子产业的市场规模将进一步扩大。
>
> （资料来源：东滩智库，作者王时雨，有改动）

学习知识检验

1. 填空题

(1) LIN总线系统是用于实现汽车中分布式电子系统控制的一种总线系统。该系统为_____，在汽车上主要应用于车门系统、通信系统、认证系统、空调系统等系统中。其数据格式符合UART标准，采用单线传输，工作电压为_____V。

(2) LIN总线系统由一个_____、多个_____和一根数据传输总线组成。

(3) LIN总线系统的帧主要由_____和_____两部分组成，在数据传输的过程中，主电控单元负责_____，从电控单元负责_____，并对帧头进行解析，然后决定是否应答。

(4) LIN总线系统的帧分为三种，分别是_____、_____和保留帧。

(5) 当LIN数据传输总线上没有数据传输时，其上的电压为电源电压，电平信号为_____，用逻辑"1"表示；当有数据传输时，LIN数据传输总线接地，电压为0 V，其上的电平信号为_____，用逻辑"0"表示。

2. 选择题

(1) 下列不属于LIN总线系统组成部分的是（　　）。
　　A. 光纤　　　　　　　　　　　B. 主电控单元
　　C. 从电控单元　　　　　　　　D. LIN数据传输总线

(2) 下列不属于LIN总线系统特点的是（　　）。
　　A. 一主多从　　　　　　　　　B. 单线传输
　　C. 传输速率快　　　　　　　　D. 成本低

(3) 下列不属于携带帧的是（　　）。
　　A. 无条件帧　　　　　　　　　B. 诊断帧
　　C. 偶发帧　　　　　　　　　　D. 触发帧

(4) LIN总线系统主电控单元电阻的大小为（　　）。
　　A. 1 kΩ　　　　　　　　　　　B. 3 kΩ
　　C. 10 kΩ　　　　　　　　　　 D. 30 kΩ

(5) 当LIN总线系统的电压波形为一条直线时，可能发生的故障为（　　）。
　　A. LIN数据传输总线断路故障
　　B. LIN数据传输总线对地短路故障
　　C. LIN数据传输总线对CAN-High线短路故障
　　D. LIN数据传输总线对CAN-Low线短路故障

3. 简答题

（1）LIN总线系统有哪些特点？
（2）LIN总线系统的自诊断功能是什么？
（3）LIN总线系统的触发帧是什么，它有哪些作用？
（4）简述LIN总线系统的帧结构。

学习成果评价

指导老师根据学生对本项目的实际学习成果对其进行评价,学生配合指导老师共同完成如表3-11所示的学习成果评价表。

表3-11 学习成果评价表

班级		组号		日期	
姓名		学号		指导老师	
学习成果/项目名称		LIN总线系统检修			
评价项目	评价内容		评价方式	满分/分	评分/分
知识 40%	LIN总线系统的组成和特点		理论测试	10	
	LIN总线系统的数据传输			10	
	LIN总线系统的故障类型			10	
	LIN总线系统的检修方法			10	
技能 40%	认识LIN总线系统		实践操作	20	
	检修LIN总线系统			20	
素养 20%	积极参加教学活动,主动学习、思考、讨论		综合评判	6	
	认真负责,按时完成学习、实践任务			4	
	团结协作,与组员之间密切配合			4	
	服从指挥,遵守课堂和实训室纪律			4	
	守正创新,自信自强			2	
合计				100	
自我评价					
老师评价					

项目 4

MOST 总线系统检修

项目导读

MOST总线系统是一种以光波信号进行数据传输的光学总线系统,具有传输数据量大,传输速率高等特点。本项目主要介绍了MOST总线系统的基础知识及其检修的相关知识,旨在使学生认识MOST总线系统,掌握该系统的检修方法。

知识目标

1. 熟悉MOST总线系统的组成、特点、状态和数据传输等内容。
2. 掌握MOST总线系统的故障类型和检修方法。

技能目标

1. 能够找到MOST总线系统各部件在汽车上的安装位置。
2. 能够使用汽车检测仪对MOST总线系统进行检修。

素质目标

1. 养成求真务实、开拓进取的工作作风。
2. 弘扬精益求精、追求卓越的工匠精神。

任务 4.1 认识 MOST 总线系统

任务引入

为了保证音质清晰、画面流畅，汽车影音娱乐和信息显示系统对传输速率要求很高，CAN、LIN等总线系统均无法满足上述传输要求，这时就用到了光学总线系统。光学总线系统通过光波信号进行数据传输，其传输速率一般可以超过 20 Mb/s。在众多光学总线系统中，MOST 总线系统的应用最为广泛。

请大家思考：什么是 MOST 总线系统？它是如何进行数据传输的？本任务的知识与技能要求如表 4-1 所示。

表 4-1 知识与技能要求

任务内容	认识MOST总线系统	学习程度		
		识记	理解	应用
学习任务	MOST总线系统的组成和特点		●	
	MOST总线系统的状态		●	
	MOST总线系统的数据传输	●		
实训任务	认识MOST总线系统			●
自我勉励				

班级 _____ 姓名 _____ 学号 _____

任务工单4.1——认识MOST总线系统

1. 学生分组

以3~5人为一组，选出组长并进行任务分工，将小组概况及分工情况填入表4-2中。

表4-2　小组概况及分工情况

班级：　　　　　　　组号：　　　　　　　指导老师：

小组成员	姓名	学号	任务分工
组长			
组员			

2. 获取信息

在进行实践操作前，需要掌握检修MOST总线系统的相关知识。请各组组长组织组员收集相关资料，回答下列问题。

引导问题1：什么是MOST总线系统？

班级 _____ 姓名 _____ 学号 _____

引导问题2: MOST总线系统由哪几部分组成？

引导问题3: MOST总线系统有哪些特点？

引导问题4: MOST总线系统有哪几种状态？

班级 _____ 姓名 _____ 学号 _____

引导问题5：MOST总线系统是如何进行数据传输的？

3. 任务准备

1）制订计划

（1）根据任务内容制订工作计划，并将其填入表4-3中。

表4-3 工作计划

序号	工作计划	负责人

（2）列出完成工作计划所需要的器材，并将其填入表4-4中。

表4-4 器材清单

序号	名称	型号	规格	数量	备注

班级 _____ 姓名 _____ 学号 _____

2）进行决策

（1）各小组成员针对各自的工作计划展开讨论，并选出最佳的工作计划。

（2）老师对各小组的工作计划给出评价。

（3）各小组成员根据老师的评价对工作计划进行调整。

（4）调整合格后的工作计划即为最终任务实施方案。

4．任务实施

根据最终任务实施方案展开活动。按实际操作过程，将实施内容、遇到的问题及解决办法等记录于表4-5中。

表4-5 任务实施

序号	实施内容	遇到的问题及解决办法

5．课堂小结

_____
_____
_____
_____
_____

4.1.1 MOST总线系统的组成和特点

面向媒体的系统传输（media oriented systems transport, MOST）总线系统是一种用于多媒体数据传输的车载网络系统，可以将携带地址码的数据传输到相应的接收器。MOST总线系统采用光纤作为数据传输介质，将汽车内的视听设备、通信设备及信息服务设备相互连接起来。

MOST总线系统主要应用在汽车影音娱乐系统中，如汽车音响、视频导航、车载电视、音频放大器、车载电话、CD播放器等。

1. MOST 总线系统的组成

MOST总线系统主要由光纤和电控单元组成，采用环形拓扑结构，各电控单元通过光纤沿着环形方向进行单向数据传输，如图4-1所示。

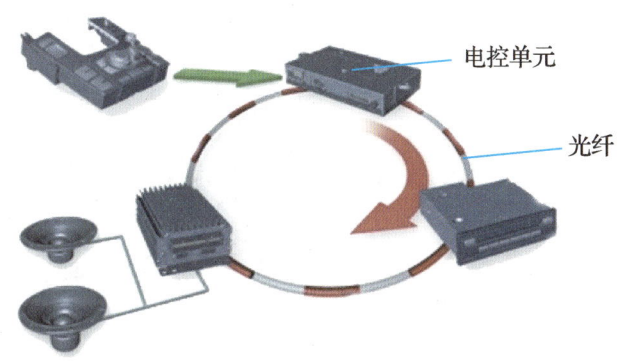

图4-1　MOST总线系统的组成

1）光纤

MOST总线系统采用的光纤由纤芯、涂层和包层三部分组成，如图4-2所示。

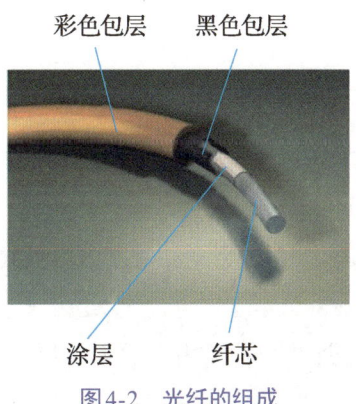

图4-2　光纤的组成

（1）纤芯。

纤芯位于光纤的中心，其成分为折射率较大的有机玻璃，用于光波信号的传输。

（2）涂层。

涂层包裹在纤芯的外部，一般由氟聚合物制成，用于保护纤芯。

（3）包层。

包层位于涂层的外部，由黑色包层和彩色包层组成，其材质为尼龙。其中，黑色包层用于阻断外部光对纤芯和涂层的照射，彩色包层用于识别、保护和隔温。

2）电控单元

MOST总线系统的电控单元主要由控制器、收发单元和收发器等组成。

（1）控制器。

控制器是电控单元的核心，其内部装有CPU，用于控制电控单元的各项操作。

（2）收发单元。

收发单元（见图4-3）是一个光导发射器，由一个光电二极管和一个发光二极管构成，用于转换信号格式和传输信号。其中，光电二极管负责将由光纤传过来的光波信号转换为电压信号，并将其传输到收发器；发光二极管负责将由收发器传过来的电压信号转换为光波信号，并将其通过光纤传输到下一个电控单元。

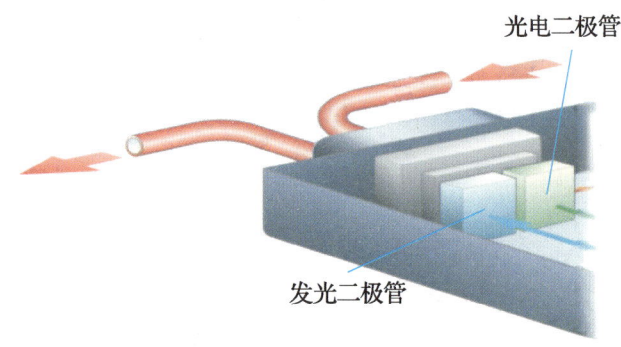

图4-3　收发单元

（3）收发器。

收发器由接收器和发射器两部分组成，用于接收和发送信号。接收器主要负责接收来自收发单元的电压信号，并将其传输至电控单元的CPU中；发射器主要负责发送电压信号至收发单元。

2．MOST总线系统的特点

MOST总线系统的特点主要有以下几点。

（1）抗干扰能力强。MOST总线系统的传输介质为光纤，不会受到电磁辐射等干扰的影响，具有较强的抗干扰能力。

（2）质量小。MOST总线系统因为传输介质为光纤，所以质量较小，从而减小了汽车车载网络系统的总质量。

（3）即插即用。MOST总线系统遵循"即插即用"原则，最多支持64个节点，将外部扩展设备插入节点即可使用。

（4）环形单向传输。MOST总线系统采用环形拓扑结构，数据只能沿着一个方向传输。

（5）传输速率快。MOST总线系统的数据传输速率较快，一般可超过20 Mb/s。

除了以上提到的特点，你还知道MOST总线系统的哪些特点呢？

4.1.2 MOST总线系统的状态

MOST总线系统主要有休眠状态、备用状态和工作状态3种状态。

1. 休眠状态

在休眠状态下，MOST总线系统内不进行数据传输和交换，各电控单元均处于待命状态，只有当系统管理器发出光学起始脉冲后系统才被激活，如图4-4所示。

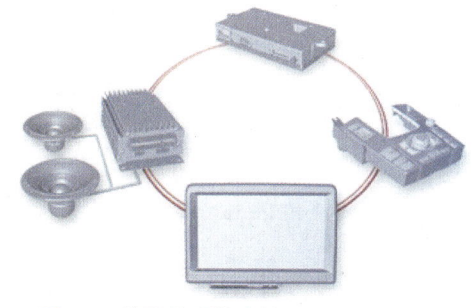

图4-4 处于休眠状态的MOST总线系统

> **汽车小贴士**
>
> 系统管理器是MOST总线系统的前部信息系统电控单元，具有以下功能。
> （1）控制MOST总线系统的状态。
> （2）发送信息。
> （3）管理MOST总线系统的传输容量。

2. 备用状态

备用状态下，MOST总线系统只在后台运行，无法提供任何服务，各输出装置（如显示屏、收音机信号放大器等）均不工作，如图4-5所示。该状态一般在发动机启动和MOST总线系统持续运行时被激活。

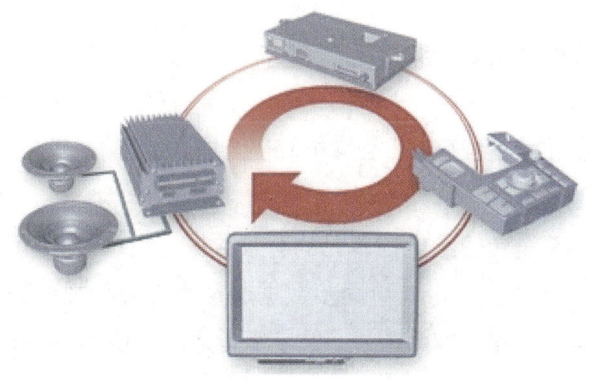

图4-5 处于备用状态的MOST总线系统

3. 工作状态

工作状态下，MOST总线系统内开始进行数据传输和交换，各电控单元正常工作，用户可以使用影音娱乐、通信、导航等功能，如图4-6所示。当MOST总线系统处于备用状态时，其他总线系统可通过网关来激活MOST总线系统的工作状态；用户通过操作影音娱乐设备也可激活MOST总线系统的工作状态。

图4-6 处于工作状态的MOST总线系统

4.1.3 MOST总线系统的数据传输

1. MOST总线系统的帧结构

在MOST总线系统中，系统管理器以44.1 kHz的固定脉冲频率向电控单元发送信息帧。信息帧主要由起始域、分界域、数据域、校验域、状态域和奇偶校验域等部分组成，其结构如图4-7所示。

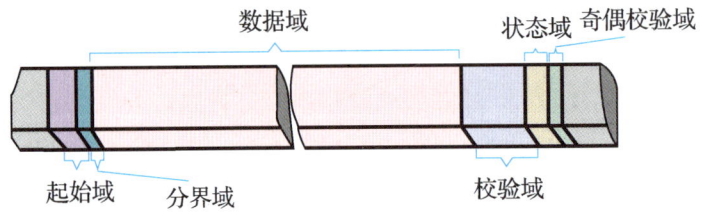

图4-7 信息帧的结构

1）起始域

起始域标志着信息帧的开始，由4个数位组成。

2）分界域

分界域主要用于将起始域和数据域分开，由4个数位组成。

3）数据域

数据域携带着MOST总线系统传输给电控单元的有效数据，由60个字节（480个数位）组成。这部分数据分为同步数据和异步数据两种类型，其中同步数据通常为音频和视频等信息，一般由0～36个字节组成，具有传输的优先权；异步数据通常为图片、文字等信息，一般由24～60个字节组成。

4）校验域

校验域主要用于校验数据传输是否正确，由两个字节（16个数位）组成。

5）状态域

状态域用于传递控制命令和状态信息，由7个数位组成。

6）奇偶校验域

奇偶校验域主要用来最后检查数据的完整性，由一个数位组成。

2. MOST总线系统的数据传输过程

1）系统启动

若MOST总线系统处于休眠状态，则需要通过唤醒使其进入备用状态。当某电控单元需要唤醒MOST总线系统时，该电控单元会向下一个电控单元发射伺服光波，伺服光波通过光纤在各电控单元之间依次传输，最终进入系统管理器内。

系统管理器接收伺服光波后，即可识别出启动请求信息，并向下一个电控单元发射主光波，该光波通过光纤在各电控单元之间依次传输。当主光波被各电控单元的接收单元接收后，系统管理器即可识别出光纤已闭合，便开始发送信息帧。此时MOST总线系统进入工作状态，开始进行数据传输。

2）同步数据的传输

MOST总线系统中的一些音频和视频信息常常需要同步传输，下面以"某汽车播放CD机上第3首音乐"为例，简述MOST总线系统同步数据的传输过程，如图4-8所示。

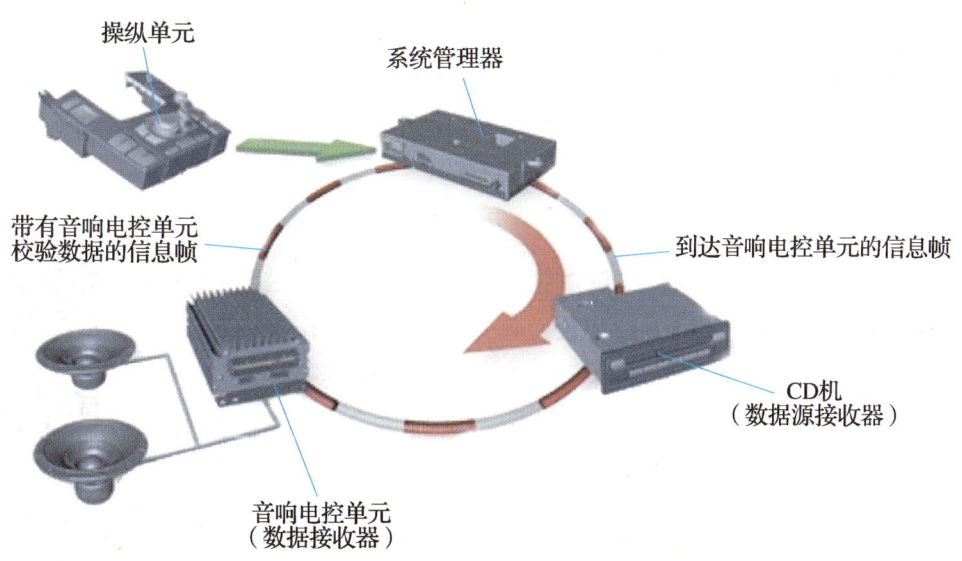

图4-8　MOST总线系统同步数据的传输过程

（1）用户通过操纵单元选择CD机上要播放的曲目。

（2）操纵单元通过数据传输总线将控制信号传输给系统管理器。

（3）系统管理器在信息帧内加入带有校验数据的信息组，如发射器（系统管理器）地址、数据源接收器（CD机）地址、控制指令（播放CD机上第3首音乐）、分配传输通道等，并将信息帧发送到光纤上。

（4）CD机收到系统管理器传来的信息帧后，根据控制指令读取第3首音乐的相关音频数据，并将其保存到信息帧的数据域。直到信息帧经过光纤又到达CD机为止，这时光纤上的数据就被新的数据所取代，该循环又重新开始。这样光纤上的所有电控单元都可使用同步数据。系统管理器通过发送相应的校验数据来确定哪个电控单元使用这些数据。

（5）音响电控单元（数据接收器）接收系统管理器发出的校验数据后，读取数据域中的相关音频数据，并通过扬声器播放，同时设定音响效果等。

3）异步数据的传输

MOST总线系统的一些图片信息（如地图、互联网网页图等）和文本信息则采用异步传输。MOST总线系统异步数据的传输过程大致如下。

（1）数据源一般以不规则的时间间隔发送异步数据，这些数据存储在每个数据源的缓冲寄存器内。

（2）当接收到带有接收器地址的信息帧后，数据源会将异步数据存储到信息帧数据域的空闲字节内（以每4个字节为一个数据包），并发送到光纤上。

（3）数据接收器通过光纤接收到带有异步数据的信息帧后，对这些数据进行读取和处理。

（4）异步数据存储在信息帧的数据域，直到信息帧又到达数据源。数据源提取数据，并在适当的时候用新的数据取代这些数据。

> 在MOST总线系统中，不同数据的传输方式会不一样，你能根据上述内容总结出同步数据和异步数据的传输方式有哪些相同点和不同点吗？

实践操作4.1——认识MOST总线系统

1. 情景描述

MOST总线系统是应用最为广泛的光学总线系统，学会检修MOST总线系统对每个汽车检修人员而言很有必要。在检修前，首先要认识MOST总线系统。下面以奥迪A6L汽车为例，简单认识MOST总线系统的一些主要组成部分和三种工作状态。

扫一扫

认识MOST总线系统

2. 准备工作

（1）工具设备：拆装专用工具和设备、人员安全防护用品（绝缘手套、绝缘鞋、护目镜、安全帽、绝缘垫）。

（2）实训汽车型号：奥迪A6L。

（3）辅助资料：检修手册、汽车电路图手册、教材。

3. 操作步骤

（1）认识MOST总线系统的组成。MOST总线系统主要由电控单元、光纤组成，其中电控单元主要包括控制器、收发单元（光导发射器）、收发器。

① 认识MOST总线系统的电控单元（见图4-9）。

② 认识MOST总线系统的光纤（见图4-10）。

图4-9　MOST总线系统的电控单元

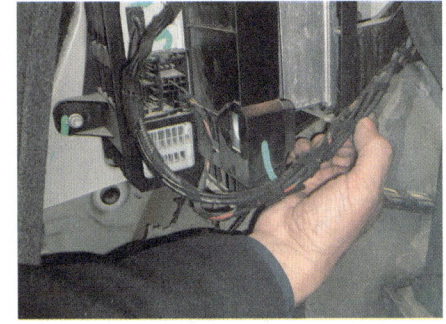

图4-10　MOST总线系统的光纤

（2）认识MOST总线系统的休眠状态。关闭汽车的点火开关，此时MOST总线系统进入休眠状态，如图4-11所示。

（3）认识MOST总线系统的备用状态。打开汽车的点火开关，启动发动机，此时MOST总线系统进入备用状态，如图4-12所示。

图4-11　MOST总线系统的休眠状态

图4-12　MOST总线系统的备用状态

（4）认识MOST总线系统的工作状态。操作多媒体操纵电控单元的功能选择按钮（见图4-13）。此时MOST总线系统进入工作状态，如图4-14所示。

图4-13　操作多媒体操纵电控单元的功能选择按钮

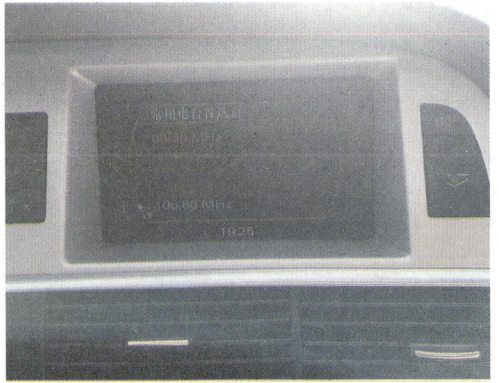

图4-14　MOST总线系统的工作状态

任务 4.2 检修 MOST 总线系统

 任务引入

一天，某汽车维修厂收到了一辆故障汽车，经检查发现该汽车的MOST总线系统瘫痪，音响没有声音输出，信息娱乐系统无法操作。检修人员首先确认了故障现象，然后根据故障现象确定了一套诊断流程，并对可能发生故障的区域进行逐个排查，最终找出了发生故障的部件并将其替换。

请大家思考：MOST总线系统可能会产生哪些故障？如何对有故障的MOST总线系统进行检修？本任务的知识与技能要求如表4-6所示。

表4-6 知识与技能要求

任务内容	检修MOST总线系统	学习程度		
		识记	理解	应用
学习任务	MOST总线系统的故障类型		●	
	MOST总线系统的检修	●		
实训任务	检修无法通信的MOST总线系统			●
自我勉励				

任务工单4.2——检修MOST总线系统

1. 学生分组

以3～5人为一组,选出组长并进行任务分工,将小组概况及分工情况填入表4-7中。

表4-7 小组概况及分工情况

班级: 组号: 指导老师:

小组成员	姓名	学号	任务分工
组长			
组员			

2. 获取信息

在进行实践操作前,需要掌握检修MOST总线系统的相关知识。请各组组长组织组员收集相关资料,回答下列问题。

引导问题1:MOST总线系统的故障类型有哪些?

班级 _____　　姓名 _____　　学号 _____

引导问题2： 当MOST总线系统发生环路断开故障时，应如何进行检修？

引导问题3： 当MOST总线系统中的信号衰减幅度增大时，应如何进行检修？

班级 _____   姓名 _____   学号 _____

3．任务准备

1）制订计划

(1) 根据任务内容制订工作计划，并将其填入表4-8中。

表4-8　工作计划

序号	工作计划	负责人

(2) 列出完成工作计划所需要的器材，并将其填入表4-9中。

表4-9　器材清单

序号	名称	型号	规格	数量	备注

2）进行决策

(1) 各小组成员针对各自的工作计划展开讨论，并选出最佳的工作计划。

(2) 老师对各小组的工作计划给出评价。

(3) 各小组成员根据老师的评价对工作计划进行调整。

(4) 调整合格后的工作计划即为最终任务实施方案。

4．任务实施

根据最终任务实施方案展开活动。按实际操作过程，将实施内容、遇到的问题及解决办法等记录于表4-10中。

班级 _____ 姓名 _____ 学号 _____

表4-10　任务实施

序号	实施内容	遇到的问题及解决办法

5. 课堂小结

_____
_____
_____
_____
_____

（3）检测光纤是否损坏，打开汽车点火开关，断开MOST总线系统的光纤，发现光纤有光波信号传输，说明光纤正常，如图4-20所示。

（4）检测MOST总线系统的供电情况，发现供电电压值约为14 V，说明该系统供电正常，如图4-21所示。

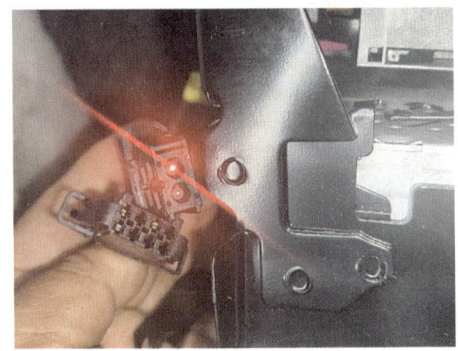
图4-20　光纤中有光波信号传输

图4-21　检测MOST总线系统的供电电压

（5）检测MOST总线系统的电压，发现该系统电压值约为0 V，说明该系统内部存在故障，如图4-22所示。

图4-22　检测MOST总线系统的电压

（6）检测MOST总线系统保险的电压，发现保险电压值约为0 V，说明该系统的保险存在故障，如图4-23所示。

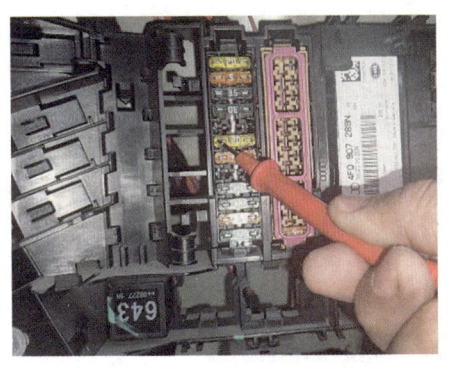
（a）

（b）

图4-23　检测MOST总线系统保险的电压

（7）拔下MOST总线系统的保险并测量其电阻，发现电阻值约为0 Ω，如图4-24所示，说明保险内部短路。

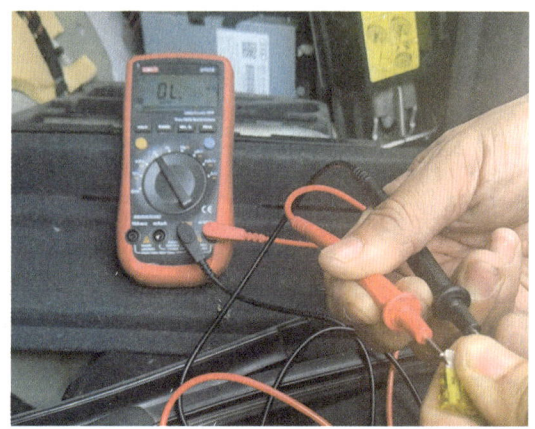

图4-24　测量MOST总线系统保险的电阻

（8）更换保险，如图4-25所示。

（9）再次检测MOST总线系统保险的电压，电压值约为14 V，电压恢复正常，如图4-26所示。

图4-25　更换保险

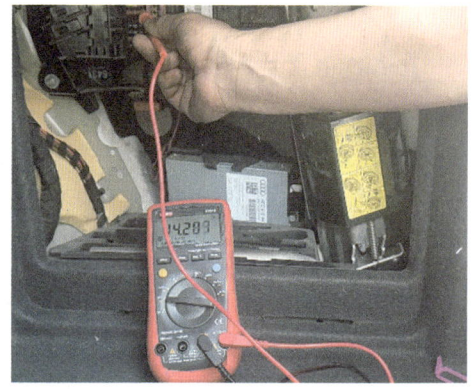

图4-26　再次检测MOST总线系统保险的电压

（10）再次读取故障码，未侦测到故障码，故障排除，如图4-27所示。

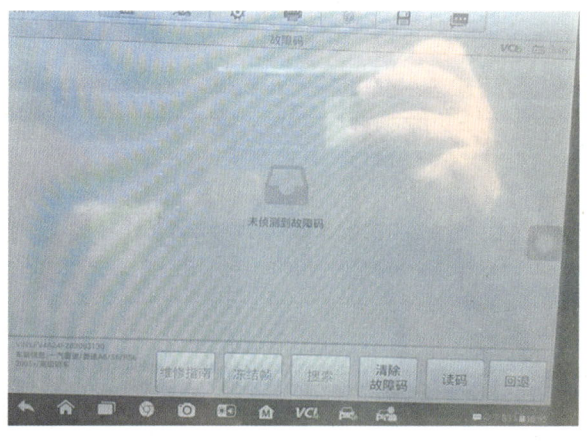

图4-27　未侦测到故障码

项目 4 MOST 总线系统检修

素养之窗——汽车车载网络系统的光纤传输

随着汽车智能网联技术的发展，传统汽车车载网络架构和总线技术已无法满足带宽需求，新型车载网络及更高速数据传输技术逐步成为越来越重要的研究课题。相比于其他传输介质，光纤具有带宽大、质量轻、电磁兼容性好、电流隔离性强等优点。因此，针对汽车车载网络系统更高的传输速率需求，人们更加重视光纤在汽车车载网络系统中应用的研究。

光纤作为光波的传输介质，可以将某一电控单元发射器内产生的光波传输到另一电控单元的接收器，以此来进行数据传输。光纤一般由几层材料组成，其内芯由聚甲基丙烯酸甲酯组成，当光穿过它时，几乎没有任何损耗。因此，利用光纤进行数据传输可以获得较高的速率。

车载网络系统严苛的工作环境以及日益增长的带宽需求等对汽车车载网络系统的高速数据传输提出了众多挑战，而光纤可以通过提高数据传输效率实现高速传输。因此，在汽车车载网络系统的骨干链路中，使用光纤替代其他传输介质进行传输有望解决车载网络带宽的瓶颈问题。

学习知识检验

1. 填空题

（1）MOST总线系统采用_____结构，使各电控单元通过_____沿着环形方向进行单向数据传输，因此主要由光纤和电控单元组成。

（2）MOST总线系统采用的光纤由_____、_____和包层3部分组成。

（3）MOST总线系统主要有_____、_____和工作状态3种状态。

（4）在MOST总线系统中，系统管理器以44.1 kHz的固定脉冲频率向电控单元发送信息帧。信息帧主要由_____、_____、数据域、_____、状态域和奇偶校验域等部分组成。

（5）_____是MOST总线系统的重要组成部分，用于该系统的故障自诊断，可将MOST总线系统电控单元的诊断数据传输给诊断电控单元。

（6）当电控单元收到的光波功率较前一个电控单元发出的光波功率有_____及_____以上的衰减时，收发器则会向诊断管理器发出信号衰减幅度增大的故障信息，_____即可识别出发生故障的位置。

2. 选择题

（1）MOST总线系统的传输介质为（　　）。
　　A. 双绞线　　　　　　　　　　　　　　B. 同轴电缆
　　C. 光纤　　　　　　　　　　　　　　　D. 无线传输媒介

（2）MOST总线系统采用（　　　）拓扑结构。

A．总线形　　　　　　　　　　B．环形

C．星形　　　　　　　　　　　D．混合

（3）MOST总线系统传输的信息帧中起始域的作用是（　　　）。

A．标志着信息帧的开始

B．将有效数据传输给电控单元

C．传输发送器地址

D．检查数据的完整性

（4）MOST总线系统的信息帧中由7个数位组成域的为（　　　）。

A．起始域　　　　　　　　　　B．分界域

C．状态域　　　　　　　　　　D．数据域

3．简答题

（1）MOST总线系统有哪些特点？

（2）光纤由哪几部分组成，它们的作用是什么？

（3）简述MOST总线系统收发器的组成和功能。

（4）简述MOST总线系统环路断开的故障确认步骤。

学习成果评价

指导老师根据学生对本项目的实际学习成果对其进行评价，学生配合指导老师共同完成如表4-11所示的学习成果评价表。

表4-11 学习成果评价表

班级		组号		日期	
姓名		学号		指导老师	
学习成果/项目名称		MOST总线系统检修			
评价项目	评价内容		评价方式	满分/分	评分/分
知识 40%	MOST总线系统的组成和特点		理论测试	8	
	MOST总线系统的状态			8	
	MOST总线系统的数据传输			8	
	MOST总线系统的故障类型			8	
	MOST总线系统的检修			8	
技能 40%	认识MOST总线系统		实践操作	20	
	检修无法通信的MOST总线系统			20	
素养 20%	积极参加教学活动，主动学习、思考、讨论		综合评判	6	
	认真负责，按时完成学习、实践任务			4	
	团结协作，与组员之间密切配合			4	
	服从指挥，遵守课堂和实训室纪律			4	
	守正创新，自信自强			2	
合计				100	
自我评价					
老师评价					

项目 5
其他常见总线系统检修

项目导读

随着科学技术的发展,汽车的功能越来越多样化,车载网络系统的种类也逐渐增多,如用于汽车安全系统的Byteflight总线系统、用于汽车能量管理系统的BSD总线、用于汽车娱乐信息系统的车载蓝牙系统等。本项目通过介绍其他常见总线系统检修的相关知识,使学生掌握检修这些总线系统的方法。

知识目标

1. 熟悉Byteflight总线系统、FlexRay总线系统的组成和特点。
2. 了解VAN总线系统、基于BSD总线的电源管理系统的数据传输过程。
3. 掌握诊断总线、车载蓝牙系统的检修方法。

技能目标

1. 能够指出Byteflight总线系统、FlexRay总线系统的各组成部分。
2. 能够使用检修仪器对VAN总线系统、BSD总线、车载蓝牙系统、诊断总线进行检修。

素质目标

1. 养成严谨务实、积极高效的工作作风。
2. 提高逻辑严谨、思维缜密的问题分析能力。

汽车车载网络系统检修

任务 5.1　检修 Byteflight 总线系统与 FlexRay 总线系统

任务引入

Byteflight总线系统和FlexRay总线系统均为新型车载网络系统。其中，Byteflight总线系统一开始被用于宝马汽车安全气囊系统的数据传输，后逐渐被用于其他车系；FlexRay总线系统则采用了先进的线控操作技术，可以有效管理汽车多重安全和舒适功能。这两个总线系统数据传输的实时性和可靠性都很高，且都具有较强的抗干扰能力。

请大家思考：什么是Byteflight总线系统和FlexRay总线系统？它们是如何进行数据传输的？本任务的知识与技能要求如表5-1所示。

表5-1　知识与技能要求

任务内容	检修Byteflight总线系统与FlexRay总线系统	学习程度		
		识记	理解	应用
学习任务	Byteflight总线系统概述		●	
	Byteflight总线系统的检修	●		
	FlexRay总线系统概述		●	
	FlexRay总线系统的检修	●		
实训任务	检修FlexRay总线系统的安全蓄电池接线柱			●
自我勉励				

任务工单5.1——检修Byteflight总线系统与FlexRay总线系统

1. 学生分组

以3～5人为一组，选出组长并进行任务分工，将小组概况及分工情况填入表5-2中。

表5-2 小组概况及分工情况

班级：　　　　　　　　组号：　　　　　　　　指导老师：

小组成员	姓名	学号	任务分工
组长			
组员			

2. 获取信息

在进行实践操作前，需要掌握检修Byteflight总线系统与FlexRay总线系统的相关知识。请各组组长组织组员收集相关资料，回答下列问题。

引导问题1：什么是Byteflight总线系统？它由哪几部分组成？

引导问题2：Byteflight总线系统有哪些特点？

班级 _____ 姓名 _____ 学号 _____

引导问题3： Byteflight总线系统是如何进行数据传输的？

引导问题4： 如何对Byteflight总线系统进行检修？

引导问题5： 什么是FlexRay总线系统？它由哪几部分组成？

引导问题6： FlexRay总线系统有哪几种拓扑结构？

引导问题7： FlexRay总线系统有哪些特点？

引导问题8： FlexRay总线系统是如何进行数据传输的？

引导问题9：如何对FlexRay总线系统进行检修？

3. 任务准备

1）制订计划

（1）根据任务内容制订工作计划，并将其填入表5-3中。

表5-3　工作计划

序号	工作计划	负责人

（2）列出完成工作计划所需要的器材，并将其填入表5-4中。

表5-4　器材清单

序号	名称	型号	规格	数量	备注

2）进行决策

（1）各小组成员针对各自的工作计划展开讨论，并选出最佳的工作计划。

（2）老师对各小组的工作计划给出评价。

（3）各小组成员根据老师的评价对工作计划进行调整。

（4）调整合格后的工作计划即为最终任务实施方案。

班级 _____ 姓名 _____ 学号 _____

4. 任务实施

根据最终任务实施方案展开活动。按实际操作过程，将实施内容、遇到的问题及解决办法等记录于表5-5中。

表5-5　任务实施

序号	实施内容	遇到的问题及解决办法

5. 课堂小结

_____
_____
_____
_____
_____

5.1.1 Byteflight总线系统

1. Byteflight 总线系统概述

Byteflight总线系统是一种用于智能安全集成系统和高级安全电子系统的汽车车载网络系统,可以满足汽车安全系统对数据传输的实时性要求。因此,该系统主要用于传输汽车的实时数据和控制信号。

1) Byteflight 总线系统的组成

Byteflight总线系统采用星形拓扑结构,由一个主电控单元和多个从电控单元组成,主电控单元与从电控单元之间通过光纤进行数据传输,如图5-1所示。各电控单元都有接收和发送模块,用于数据接收、发送和格式转换。

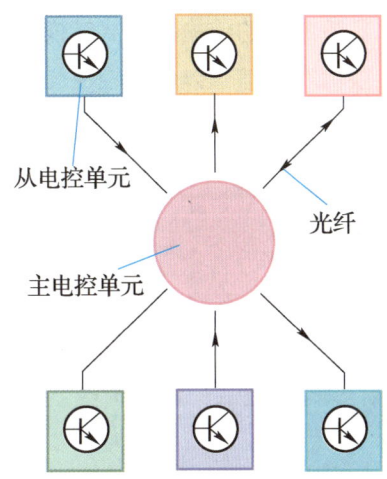

图5-1 Byteflight总线系统的组成

2) Byteflight 总线系统的特点

Byteflight总线系统的特点如下。

(1) 一主多从的工作方式。Byteflight总线系统采用一主多从的工作方式,它的主电控单元接收从电控单元发送的数据,并将这些数据发送给需要的从电控单元。

(2) 传输速率较快。Byteflight总线系统的数据传输速率较快,可达10 Mb/s。

(3) 抗干扰能力强。Byteflight总线系统的传输介质为光纤,不易受到电磁辐射的干扰,因此具有较强的抗干扰能力。

3) Byteflight 总线系统的数据传输

(1) 帧结构。

Byteflight总线系统内通过二进制数字信号进行信息传输,其数据帧由起始域、标识符域、数据域、校验码域和停止域组成。

起始域:标志着数据传输的开始。

标识符域:包含标识符,用于确定数据帧的优先级和数据内容。

数据域:用于存储要传输的数据,最长可达12字节。

校验码域：用于校验数据，包括高位循环冗余校验码和低位循环冗余校验码。

停止域：标志着数据传输的结束。

（2）总线访问程序。

Byteflight总线系统的总线访问程序是一种软件程序，用于控制数据传输总线的访问和信息传输。执行该程序时，各电控单元只能在规定时间内发送特定的信息，这些信息通过标识符被接收电控单元识别。

该程序要求Byteflight总线系统的各设备保持准确的时间同步。Byteflight总线系统通过循环发送一个脉冲（同步脉冲）来实现系统的同步性。这个同步脉冲由主电控单元发出，在同步脉冲循环发送周期内，各电控单元同步发送重要的信息；其他时间间隔内，各电控单元发送不要求同步的次要信息。

（3）数据接收和发送。

Byteflight总线系统上的数据接收和发送都是以光脉冲的形式进行的，且数据可以双向传输。该系统的所有电控单元上的接收和发送模块负责数据的传输和格式转换。它会将数字信号转换为光信号并通过光纤传输，接收到光信号后会将其转换为数字信号以供电控单元识别。主电控单元与从电控单元的接收和发送模块的数据交换如图5-2所示。

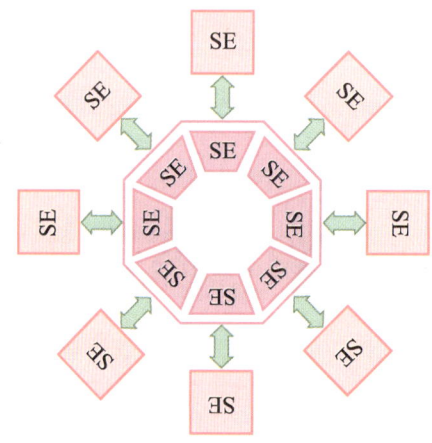

图5-2　接收和发送模块的数据交换

从电控单元以卫星的形式分布在主电控单元周围，并通过光纤向主电控单元传输数据。主电控单元接收到从电控单元传输过来的数据后，对其进行解析和计算，获取所要触发的执行器，以及触发强度和触发时间等信息，最后将该信息传输给指定的从电控单元。从电控单元接收到信息后，会按照信息内容触发相关指令，并控制执行器执行相关操作。

2．Byteflight总线系统检修

Byteflight总线系统如果发生故障，可能会导致汽车电子控制系统无法正常运行。因此，对Byteflight总线系统进行检修很有必要。Byteflight总线系统的故障类型主要包括电源故障、链路故障和节点故障等，其检修步骤大致如下。

（1）首先检查电源是否存在故障，包括检查电源线连接是否良好、各接口是否断开等。

（2）若电源未发生故障，则检查链路是否存在故障，即检查光纤是否受损。若光纤受损，应对其进行检修，光纤检修的步骤详见MOST总线系统。

(3）若链路正常，则检查各电控单元是否存在故障。若电控单元发生故障，则需要对其进行检修或者更换。

5.1.2 FlexRay总线系统

1. FlexRay总线系统概述

FlexRay总线系统是一种用于汽车高速、实时、可靠数据传输，具备故障容错能力的车载网络系统。它将事件触发和时间触发相结合，具有高效的网络利用率和系统灵活性，可以作为新一代主干汽车车载网络系统。

FlexRay总线系统主要应用于一些对实时性、安全性和数据传输速率要求较高的汽车电子控制系统，如宝马车系的行驶动态管理系统的综合性主总线系统。

1）FlexRay总线系统的组成

FlexRay总线系统主要由电控单元、驱动器、数据传输总线和终端电阻组成。

电控单元：可能是一个单独的控制器，也可能是一个嵌入式系统内的一部分。

驱动器：接收从电控单元传输过来的控制信号，并根据控制信号的内容驱动执行器执行相关动作。

数据传输总线：FlexRay总线系统的数据传输总线为双绞线，包括FlexRay-High线和FlexRay-Low线，分别传输高电平信号和低电平信号。

终端电阻：位于数据传输总线的两端，其阻抗与接口匹配，可用来防止信号反射，使信号传输更加稳定可靠。

2）FlexRay总线系统的拓扑结构

FlexRay总线系统主要有总线形拓扑结构、星形拓扑结构和混合拓扑结构三种拓扑结构。

（1）总线形拓扑结构。

在采用总线形拓扑结构的FlexRay总线系统中，各电控单元通过两根数据传输总线进行数据传输，如图5-3所示。该拓扑结构的FlexRay总线系统只能传输电气数据。

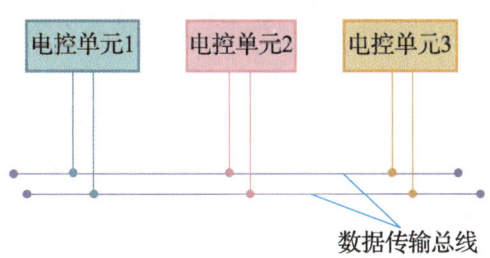

图5-3　采用总线形拓扑结构的FlexRay总线系统

（2）星形拓扑结构。

在采用星形拓扑结构的FlexRay总线系统中，各从电控单元通过数据传输总线与主电控单元连接，如图5-4所示。该拓扑结构的FlexRay总线系统既可以传输电气数据，也可以传输光学数据。

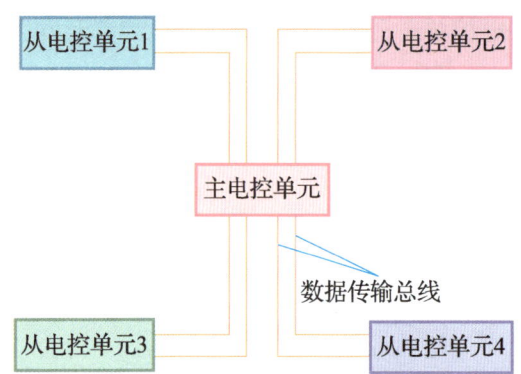

图5-4 采用星形拓扑结构的FlexRay总线系统

（3）混合拓扑结构。

FlexRay总线系统的混合拓扑结构是指该系统一部分采用总线形拓扑结构，一部分采用星形拓扑结构。

3）FlexRay总线系统的特点

FlexRay总线系统作为新一代汽车车载网络系统，具有以下特点。

（1）数据传输速率高。FlexRay总线系统的数据传输速率很高，可达20 Mb/s。

（2）实时数据传输。FlexRay总线系统可采用时间触发方式传输数据来确保数据的实时传输。

（3）数据通信可靠。FlexRay总线系统采用循环冗余检查机制来检验通信是否有误；并且通过双通道传输数据，可以确保通信可靠。

（4）具有唤醒和休眠功能。FlexRay总线系统具有唤醒和休眠功能，可以提高汽车的节能性。

4）FlexRay总线系统的数据传输

（1）帧结构。

FlexRay总线系统的一个数据帧由帧头段、有效数据段和帧尾段三部分组成。

帧头段：包含同步帧指示域、起始帧指示域、帧ID域、有效数据长度域和头部循环冗余检查域等，用于标识和控制整个数据帧的传输。

有效数据段：包含数据域、信息ID域和网络管理矢量域，承载着有用的数据和信息。

帧尾段：包含循环冗余检查校验码和确认码，用于确保数据的可靠性和确认数据已被接受。

（2）数据传输的触发方式。

FlexRay总线系统数据传输的触发方式主要有两种，分别是时间触发方式和事件触发方式，由传输的数据帧帧头段的起始帧指示域决定。FlexRay总线系统的数据传输是循环进行的，由主电控单元控制。一个数据传输周期约为5 ms，包括静态段、动态段和网络空闲时间段，如图5-5所示。

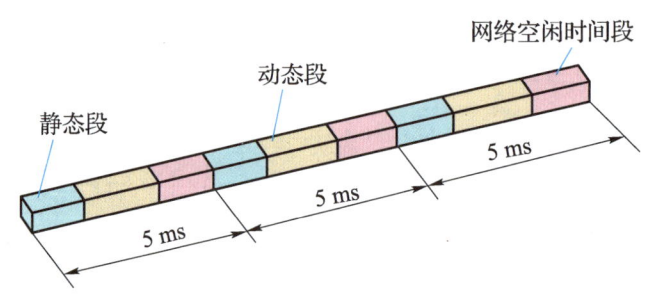

图5-5 FlexRay总线系统的数据传输周期

静态段：主要用于传输时间触发信息（如挡位信息、喇叭控制信号等需要高速响应和及时传输的信息），这些信息都能在规定时间段内进行传输，且所有电控单元都可以获取该信息并选择是否接收。

动态段：主要用于传输事件触发信息（如转速、车速、位置等汽车的实时状态信息），这些信息对时间要求不高，且所有电控单元都可以获取该信息并选择是否接收。

网络空闲时间段：不传输任何信息，主要起到时间填充和时隙保持的作用。

（3）数据传输过程。

FlexRay总线系统采用差分传输方式进行数据传输，其两根数据传输总线上的电平信号在1.5～3.5 V之间变化，差值一般为1.8～2.0 V，如图5-6所示。

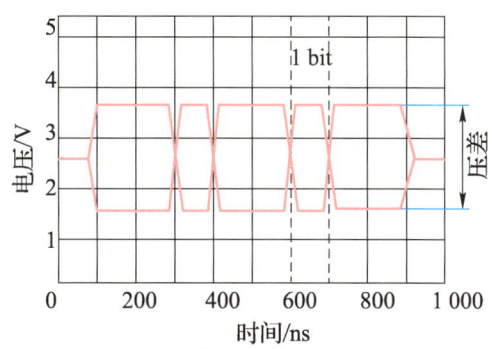

图5-6　FlexRay总线系统电平信号的变化

FlexRay总线系统的数据传输过程大致如下。

① FlexRay总线系统的主电控单元根据需要生成控制指令和数据信息，并将其保存至数据帧中，然后将该数据帧发送到数据传输总线上。

② 从电控单元在预定的时间点检查数据传输总线上是否有要接收的数据帧。若检查到有自己需要的数据帧，则开始接收该数据帧。

③ 从电控单元接收到数据帧后，对其进行解码、分析等操作来提取数据信息，并根据数据信息向驱动器发送控制信号。

④ 驱动器接收从电控单元传输过来的控制信号后，根据信号内容驱动执行器执行相关动作。

2．FlexRay总线系统的检修

FlexRay总线系统的检修方法主要包括用万用表检修和用示波器检修。

1）用万用表检修

用万用表检修FlexRay总线系统主要包括终端电阻检修、导线电阻检修和电压检修。

（1）终端电阻检修。

若FlexRay总线系统的驱动器（如BD0）上只连接了一个电控单元（如SZL），则驱动器和电控单元内各有一个终端电阻，如图5-7（a）所示。若FlexRay总线系统的驱动器连接的电控单元（如ICM）不是终端电控单元，则该电控单元内没有终端电阻，而终端电控单元（如DSC和DME）内均有一个终端电阻，如图5-7（b）所示。

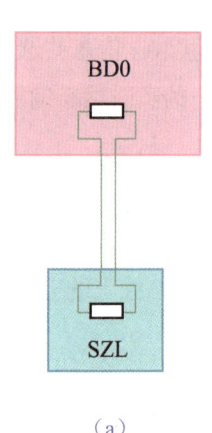
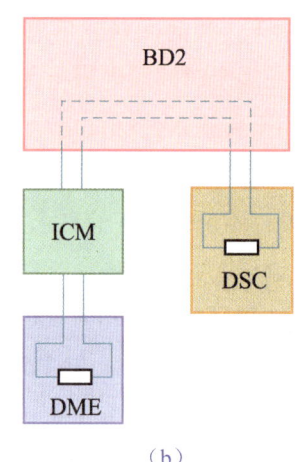

（a） （b）

图5-7　FlexRay总线系统的终端电阻

不同汽车的FlexRay总线系统的终端电阻安装位置不相同，因此在使用万用表对终端电阻进行检测时必须参考相应的电路图。若检测的终端电阻值与实际终端电阻值不一样，则该终端电阻所在的区域有故障，应对其进行检修。

（2）导线电阻检修。

受外部环境因素影响，FlexRay总线系统的导线可能出现变形、插头腐蚀等情况。这时，在静态模式下，导线电阻值可能位于公差范围内；但在动态模式下，电气影响可能会引起导线波阻抗提高，导致该系统无法正常传输数据。

检测导线电阻时，要采用动静结合的方式，以准确找到故障点。由于FlexRay总线系统采用的导线是双绞线，因此当导线损坏时，应尽量更换损坏导线两个插头之间的线束总成；条件不允许时，可用普通导线进行替换。

 知识链接

检修FlexRay总线系统导线时应注意以下几点。
（1）尽可能保持双绞线的布置方式。
（2）剥掉绝缘层的导线维修部位应用冷缩软管加以密封，以防接头进水影响导线波阻抗，从而影响FlexRay总线系统的数据传输速率。
（3）采用普通导线进行替换时，有条件后应立即更换线束。

（3）电压检修。

当无数据传输时，FlexRay总线系统的基准电压约为2.5 V；当处于传输状态时，FlexRay-High线上的电压值约为3.1 V（上升0.6 V），FlexRay-Low线上的电压值约为1.9 V（下降0.6 V）。用万用表对FlexRay总线系统的电压检测时，若实际检测出的电压不在该范围，则说明数据传输总线可能存在故障，应进行排查和维修。当检测出的电压为0 V时，说明该线对地短路；当检测出的电压为12 V时，说明该线对正极短路。

2）用示波器检修

在用示波器对FlexRay总线系统检修时，首先应利用适配器将示波器与汽车连接，并将实测波形与标准波形进行对比，以判断FlexRay总线系统的故障原因和故障点。FlexRay总线系统的波形如图5-8所示。

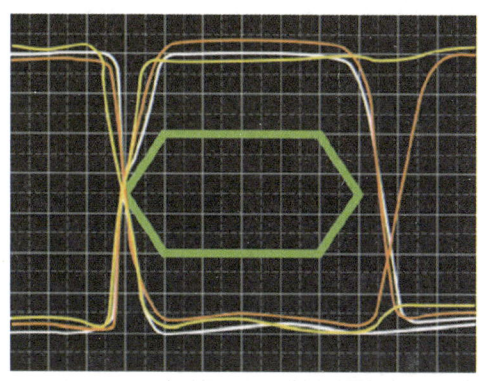
（a）标准波形

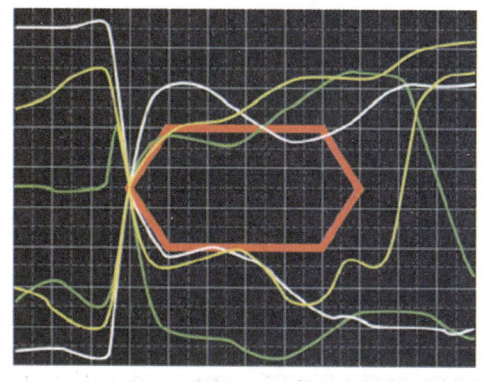
（b）故障波形

图5-8　FlexRay总线系统的波形

（1）故障现象。

一辆汽车动态稳定系统（dynamic stability control，DSC）的故障报警灯偶尔点亮，车载显示屏上显示"动态稳定系统失稳"；故障现象不会一直存在，有时候会自动消失。

（2）故障检修。

DSC通过FlexRay总线系统进行数据传输，检修人员利用汽车检测仪读取的故障为FlexRay总线系统通信故障。

利用万用表检测FlexRay总线系统的相关参数，发现导线电阻明显增大。因此，检修人员猜测可能是该系统的导线损坏，于是对FlexRay总线系统的导线进行检查，发现有一段导线表面有变色。进一步检查后，发现该段导线存在轻微的挤压变形。更换受损导线，并按照规范要求对双绞线进行布置，还原拆卸的部件，清除故障码并试车，故障现象消失，故障排除。

实践操作5.1——检修FlexRay总线系统的安全蓄电池接线柱

1．情景描述

汽车维修厂接收了一辆宝马X6，根据车主描述，该汽车的安全带声音警告功能失效，即汽车无法通过声音信号提醒驾驶员和前排乘客系好安全带。检修人员小张因此判断该汽车的碰撞安全电控单元可能发生了故障，于是进行相应地检修，检修过程具体如下。

检修FlexRay总线系统的
安全蓄电池接线柱

2. 准备工作

（1）工具设备：汽车检测仪、万用表、拆装专用工具和设备、人员安全防护用品（绝缘手套、绝缘鞋、护目镜、安全帽、绝缘垫）。

（2）实训汽车型号：宝马X6。

（3）辅助资料：检修手册、汽车电路图手册、教材。

3. 操作步骤

（1）将汽车检测仪通过故障诊断接口连接到汽车上，如图5-9所示。

（2）读取汽车检测仪显示的故障码，发现碰撞安全电控单元的安全蓄电池接线柱发生故障，如图5-10所示。

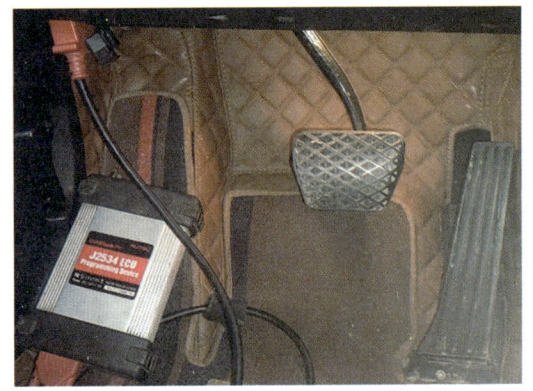
图5-9　将汽车检测仪连接到汽车上

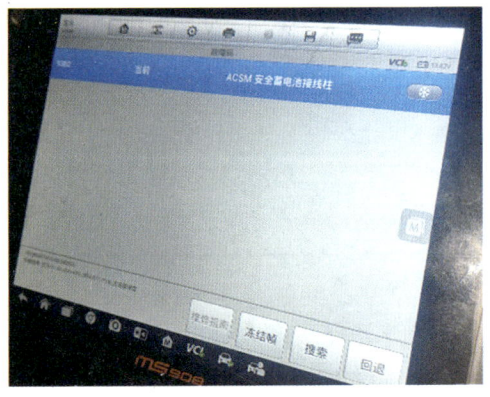
图5-10　读取故障码

（3）检测安全蓄电池接线柱的电压。拔出安全蓄电池接线柱，并利用万用表对其电压进行检测，电压值为0 V，说明安全蓄电池接线柱有故障，如图5-11所示。

图5-11　检测安全蓄电池接线柱的电压

（4）进一步检查安全蓄电池接线柱的线路连接情况，发现安全蓄电池接线柱的插接针脚锈蚀，如图5-12所示。

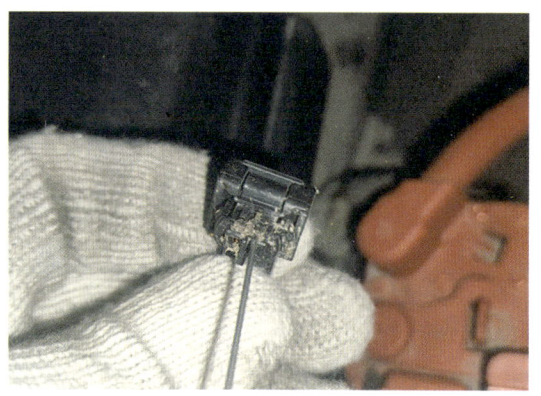

图5-12　安全蓄电池接线柱的插接针脚锈蚀

（5）对安全蓄电池接线柱插接针脚的锈蚀进行处理，如图5-13所示。

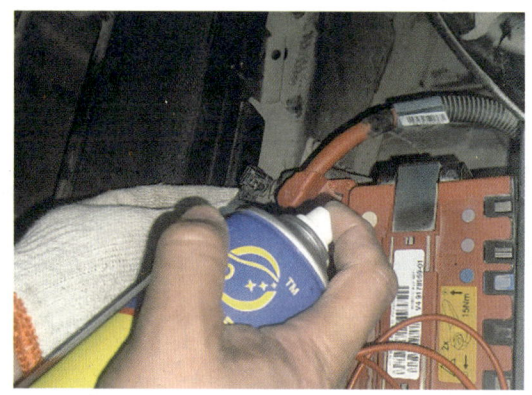

图5-13　对安全蓄电池接线柱插接针脚的锈蚀进行处理

（6）检测处理后的安全蓄电池接线柱的电压，电压恢复正常，如图5-14所示。

（7）连接好安全蓄电池接线柱的插接针脚，清除故障码，并再次读取故障码，故障码消除，如图5-15所示。

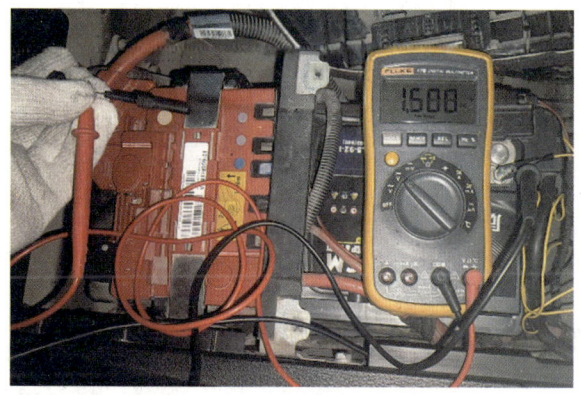

图5-14　检测处理后的安全蓄电池接线柱的电压

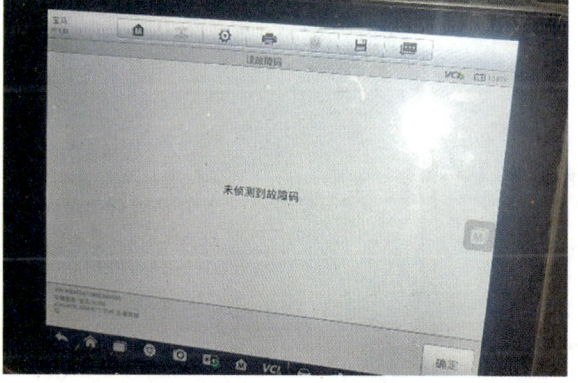

图5-15　故障码消除

汽车车载网络系统检修

任务5.2 检修VAN总线系统与BSD总线

任务引入

汽车本身较复杂,其各个部分需要传输的数据量有多有少,对数据传输速率的要求也各不相同。为了以最低成本满足汽车各系统对数据传输的个性化要求,除了常见的汽车车载网络系统(如CAN总线系统、LIN总线系统)外,还引入了VAN总线系统、BSD总线等。这些总线系统和总线的成本较低,且都有各自的特点,可以进一步提升汽车的性能。

请大家思考:什么是VAN总线系统和BSD总线?如何对其进行检修?本任务的知识与技能要求如表5-6所示。

表5-6 知识与技能要求

任务内容	检修VAN总线系统与BSD总线	学习程度		
		识记	理解	应用
学习任务	VAN总线系统概述		●	
	VAN总线系统的检修	●		
	基于BSD总线的电源管理系统概述		●	
	BSD总线的检修	●		
实训任务	认识基于BSD总线的电源管理系统,并用示波器进行检修			●
自我勉励				

154

班级 _____　　　姓名 _____　　　学号 _____

任务工单5.2——检修VAN总线系统与BSD总线

1. 学生分组

以3~5人为一组，选出组长并进行任务分工，将小组概况及分工情况填入表5-7中。

表5-7　小组概况及分工情况

班级：　　　　　　　　　组号：　　　　　　　　　指导老师：

小组成员	姓名	学号	任务分工
组长			
组员			

2. 获取信息

在进行实践操作前，需要掌握检修VAN总线系统与BSD总线的相关知识。请各组组长组织组员收集相关资料，回答下列问题。

引导问题1：什么是VAN总线系统？它由哪几部分组成？

引导问题2：VAN总线系统有哪些特点？

引导问题3：VAN总线系统是如何进行数据传输的？

班级 _____　　姓名 _____　　学号 _____

引导问题4：如何对VAN总线系统进行检修？

引导问题5：什么是电源管理系统，它与BSD总线有什么关系？

引导问题6：基于BSD总线的电源管理系统由哪几部分组成？

引导问题7：基于BSD总线的电源管理系统有哪些功能？

引导问题8：智能型蓄电池传感器和发动机电控单元的工作原理分别是什么？

班级 _____ 姓名 _____ 学号 _____

引导问题9：如何对BSD总线进行检修？

3．任务准备

1）制订计划

（1）根据任务内容制订工作计划，并将其填入表5-8中。

表5-8　工作计划

序号	工作计划	负责人

（2）列出完成工作计划所需要的器材，并将其填入表5-9中。

表5-9　器材清单

序号	名称	型号	规格	数量	备注

2）进行决策

（1）各小组成员针对各自的工作计划展开讨论，并选出最佳的工作计划。
（2）老师对各小组的工作计划给出评价。
（3）各小组成员根据老师的评价对工作计划进行调整。
（4）调整合格后的工作计划即为最终任务实施方案。

班级 _____   姓名 _____   学号 _____

4. 任务实施

根据最终实施方案展开活动。按实际操作过程,将实施内容、遇到的问题及解决办法等记录于表5-10中。

表5-10 任务实施

序号	实施内容	遇到的问题及解决办法

5. 课堂小结

_____
_____
_____
_____
_____

5.2.1 VAN总线系统

1. VAN总线系统概述

车辆局域网络（vehicle area network，VAN）总线系统作为现场总线的一种，支持分布式实时控制的通信网络，其数据传输的可靠性、实时性和灵活性较高。

VAN总线系统可以在严峻的环境（如温度较高或较低、电磁干扰和震动等）下工作，广泛应用于实时控制的汽车电气系统，如汽车门锁系统、电动车窗系统、空调系统和自动报警系统等。

1）VAN总线系统的组成

VAN总线系统采用总线-树形或总线-树形-星形的拓扑结构，它主要由数据传输总线和电控单元两大部分组成。

（1）数据传输总线。

VAN总线系统的数据传输总线为双绞线，它们分别为DATA线和DATAB线。正常工作情况下，DATA线和DATAB线同时传输信息。两根线上的信息为相反的互补数据对（差分信号），以提高抗干扰性。当一根数据传输总线出现短路或断路时，另一根数据传输总线仍可以保证信息的正常传输，此时VAN总线系统进入单线工作模式。

（2）电控单元。

VAN总线系统的电控单元主要由协议控制器和线路接口两部分组成，如图5-16所示。

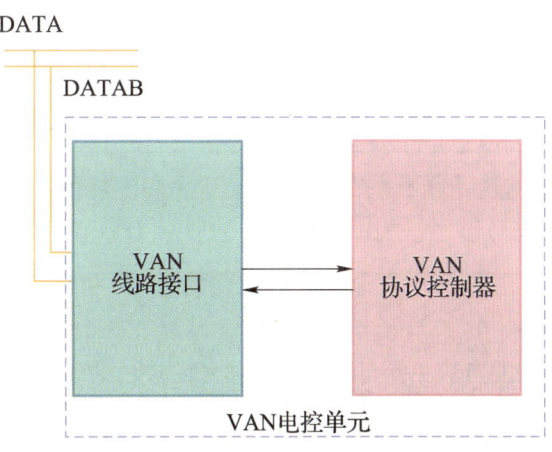

图5-16　VAN总线系统电控单元的组成

协议控制器主要用于监控数据传输总线上的信号，避免多个电控单元同时发送信号，从而防止电控单元发生冲突。

线路接口是连接电控单元和数据传输总线的接口，主要负责将数据传输总线上的信号转化为无干扰信号，并将其传输到协议控制器，或者将协议控制器内的信号转化为可被数据传输总线接收的信号，并将其发送到数据传输总线上。

2）VAN总线系统的特点

VAN总线系统的特点主要体现在以下几点。

（1）单主控制。只有一个主电控单元控制整个系统，其他电控单元只能作为从节点接收和发送数据。

（2）采用串行通信。VAN总线系统采用串行通信，降低了成本和复杂程度。

（3）采用差分传输方式。VAN总线系统采用差分传输方式，不但增加了传输的距离，而且增强了抗干扰能力。

（4）可靠性较高。VAN总线系统可以通过单线传输数据，且具有自诊断功能，提高了整个系统的可靠性。

3）VAN总线系统的数据传输

（1）帧结构。

VAN总线系统的数据帧由9个域组成，它们分别为起始域、识别域、控制域、数据域、控制区域、数据结束域、获知域、帧结束域和帧分区域。

起始域：表示数据帧的起始。

识别域：标明数据的性质和数据的接收者。

控制域：标明数据帧的类型和传输方式。

数据域：存储有用的数据信息。

控制区域：校验数据帧的完整性。

数据结束域：表示数据域的结束和校验的结束。

获知域：存储数据接收者的数据签收回复。

帧结束域：表明数据帧的结束和空余总线的开始。

帧分区域：保障数据帧之间的最小空间以及组成空余总线的一部分，以帮助电控单元识别总线的状态。

知识链接

> VAN总线系统中的空余总线是指数据传输总线上没有任何数据传输或被占用的状态。当一个电控单元完成了数据的发送或接收时，VAN总线系统就会进入一段时间的空余总线。

（2）数据传输的触发方式。

VAN总线系统数据传输的触发方式主要有三种，分别为定时触发方式、事件触发方式和混合触发方式。

① 定时触发方式

定时触发方式是指电控单元按照一定的时间间隔向数据传输总线发送数据。时间间隔不能太短，以确保其他电控单元有时间判断是否接收该数据。这种触发方式常用于需要进行定时控制的数据传输（如控制发动机转速、车速等的数据传输）。

② 事件触发方式

事件触发方式是指电控单元在特定的事件条件下进行数据传输。这种方式常用于需要及时获取特定信息的数据传输。其中，引擎启动、车门开关、灯光开启等都可以作为事件触发的条件，即发生这些动作会自动触发数据传输。

③ 混合触发方式

混合触发方式是定时触发方式和事件触发方式的混合，将两种触发方式混合起来使用，可以确保数据传输的实时性和高效性。

（3）数据进入传输介质。

VAN总线系统中数据进入传输介质的方式主要有随机方式和异步方式两种。其中，随机方式是指电控单元可以在任意时刻向数据传输总线发送数据；异步方式是指电控单元需要遵守某种规定，在固定的时间段内向数据传输总线发送数据。电控单元内的协议控制器遵守以下准则：在发送数据前，应检查数据传输总线是否空闲，当数据传输总线空闲时，各电控单元均可向其发送数据；当两个或两个以上电控单元同时向数据传输总线发送数据时，便会产生冲突，需要判断优先级。

（4）签收回复。

VAN总线系统的签收回复是指电控单元在收到数据后，向发送数据的电控单元返回一个确认信号来告知其信息是否被成功传输。签收回复可以保证数据传输的可靠性和正确性，从而有效地减少数据传输的错误和重发次数。

汽车小贴士

> 当VAN总线系统进行点对点数据传输时，接收电控单元在接收数据时，将检测其格式是否正确，并进行签收回复；当VAN总线系统进行发散数据传输时，所有接收电控单元接收并处理完接收的数据后，将不会产生任何回复。

2. VAN总线系统的检修

当DATA线和DATAB线相互短路时，VAN总线系统就会进入如图5-17所示的故障模式。此时，三个比较器没有正常电压输出，系统发生故障，应进行检修。

中央开关单元(BSI)
持续的故障，与组合仪表之间无法通信

中央开关单元(BSI)
持续的故障，与多功能显示屏之间无法通信

图5-17　VAN总线系统的故障模式

知识链接

> VAN总线系统具有三个共用模式的比较器，使其本身具有容错能力。当发生故障时，VAN总线系统的三个比较器可以将DATA和DATAB上的电压值与正常电压值进行比较，来判断是否发生故障。
>
> 当VAN总线系统发生以下故障时，其工作模式变为单线，此时三个比较器至少输出一个正常电压。
>
> （1）DATA线对地短路，DATAB线正常运行。
>
> （2）DATA线对正极短路，DATAB线正常运行。
>
> （3）DATAB线对地短路，DATA线正常运行。

（4）DATAB线对正极短路，DATA线正常运行。

（5）DATA线断路，DATAB线正常运行。

（6）DATAB线断路，DATA线正常运行。

针对DATA线和DATAB线相互短路的具体检修步骤如下。

（1）确认短路的位置，可以使用万用表、示波器等检测仪器来测量可能引起短路的元件或线路的相关参数，并通过分析这些参数来判断发生短路的具体位置。

（2）对于受损的元件或线路，应及时更换或维修。在更换或维修VAN总线系统的元件或线路时，应遵循相应的规范和安全操作规程。

（3）在更换完受损元件或维修好受损线路后，必须进行系统性的测试和校准，确保VAN总线系统的正常运行和数据传输的准确性。

5.2.2 BSD总线

位串行数据接口（bit-serial data interface, BSD）总线是宝马车系中的数据传输总线，主要应用于汽车的电源管理系统，实现智能型蓄电池传感器与发动机电控单元之间的数据传输。

1. 基于BSD总线的电源管理系统概述

1）基于BSD总线的电源管理系统的组成

电源管理系统主要由发动机、交流发电机、智能型蓄电池传感器、接线盒、发动机电控单元等组成（见图5-18），它们之间通过BSD总线进行数据传输。

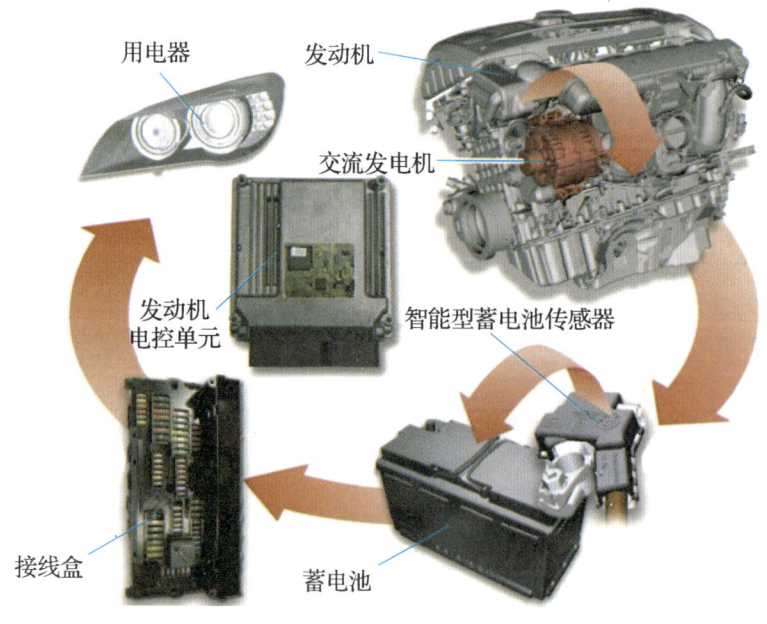

图5-18 电源管理系统的组成

2）基于BSD总线的电源管理系统的功能

（1）控制与调节发电机电压。

电源管理系统的发动机电控单元通过BSD总线控制和调节发电机的电压。

（2）提高怠速转速。

当电压无法满足汽车需求，且蓄电池电量不足时，电源管理系统会通过BSD总线发送信号至发动机电控单元，发动机则会将怠速转速提高到750 r/min。

> **汽车小贴士**
>
> 怠速作为汽车的一种工作状况，是指发动机在空挡情况下运转。怠速转速是指发动机怠速时的转速。可以通过调节风门大小等来调节怠速转速的高低。

（3）降低最大负荷。

当蓄电池电量始终不足时，电源管理系统还会通过降低用电器的用电功率或关闭部分舒适用电器，来降低车内最大负荷。

（4）保持蓄电池充电平衡。

电源管理系统可通过BSD总线获取蓄电池的充电量和放电量。在汽车启动时，电源管理系统会计算蓄电池的充电状态（充电量与放电量的差值），并根据当前的充电状态，发出充电或放电指令，以保持蓄电池的充电平衡。

（5）测量蓄电池的健康状态。

在汽车启动时，智能型蓄电池传感器会检测蓄电池接线柱的电压和发动机的启动电流的大小，并将这些数据通过BSD总线传输到发动机电控单元，发动机电控单元根据这些数据即可检测出蓄电池的健康状态。

（6）向智能型蓄电池传感器传输数据。

电源管理系统会在发动机电控单元在进入休眠状态之前，通过BSD总线向智能型蓄电池传感器传输以下数据：蓄电池的充电状态、蓄电池的健康状态、车外环境温度、蓄电池可供使用的电量、总线端15唤醒功能释放、总线端15唤醒功能锁止、发动机电控单元关闭信号。

（7）监控休眠电流。

在电源管理系统中，当汽车处于休眠状态时，智能型蓄电池传感器仍可通过BSD总线获得蓄电池的相关数据，并将其发送给发动机电控单元。当蓄电池休眠电流超过一定限值时，发动机电控单元会存储一个故障码。当蓄电池的休眠电流太大导致充电状态较低时，智能型蓄电池传感器会通过BSD总线唤醒发动机电控单元，使其关闭相关舒适用电器。

3）基于BSD总线的电源管理系统的工作原理

在电源管理系统中，智能型蓄电池传感器和发电机电控单元之间通过BSD总线进行数据传输。下面主要介绍智能型蓄电池传感器的工作原理和发动机电控单元的工作原理。

（1）智能型蓄电池传感器的工作原理。

智能型蓄电池传感器是一个带有微型控制器的传感器，直接安装在蓄电池的负极，主要负责监测蓄电池的相关参数，并与发动机电控单元进行通信。智能型蓄电池传感器会定期采集汽车蓄电池的电压、电流等数据,并通过BSD总线将数据传输至发动机电控单元,其工作原理如图5-19所示。

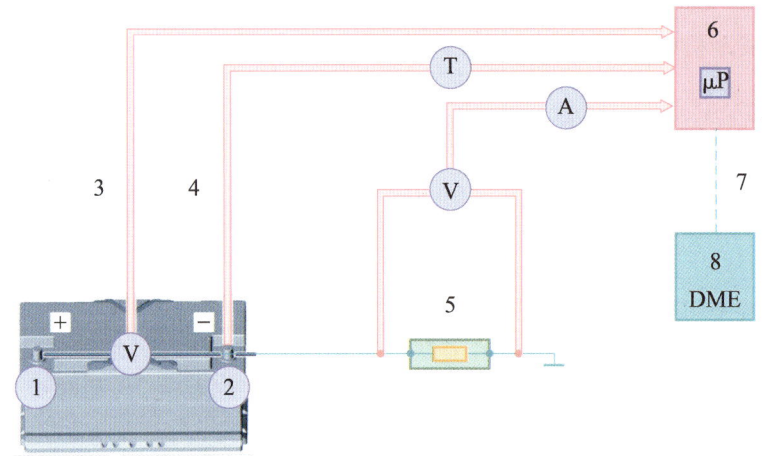

1—蓄电池正极;2—蓄电池负极;3—蓄电池电压测量;4—蓄电池温度测量;5—电流测量(分流器上的电压降);6—微型控制器;7—BSD总线;8—发动机电控单元。

图5-19 智能型蓄电池传感器的工作原理

(2)发动机电控单元的工作原理。

发动机电控单元作为主电控单元,通过BSD总线接收蓄电池传感器传输过来的数据后,会对这些数据进行计算和分析。最后根据车辆的状态和需求采取相应的措施(如提高发动机怠速转速等)。此外,发动机电控单元还具有故障自诊断功能,可以及时检测其他电控单元和传感器的工作状态,并保存相关故障信息。

知识链接

除了用于电源管理系统的数据传输,BSD总线还用于机油状态传感器、发动机电动冷却液泵与发动机电控单元之间的数据传输。

2. BSD总线的检修

当BSD总线发生故障时,基于BSD总线的电源管理系统等将无法进行数据传输,且可能会导致汽车检测仪无法与存储故障码的电控单元进行通信。BSD总线的故障原因和检修方法如下。

(1)电源故障:检查电池钩子和电池接线头是否安装牢固,电池接线是否松动或腐蚀,若发现上述现象,则需要进行紧固和清洁处理。

(2)链路故障:检查BSD总线接头是否接触良好,电缆是否破裂或受损,若发现上述现象,则需要维修或更换接头和电缆。

(3)节点故障:若通过以上方法均未找到故障原因,则可能是电控单元发生故障,需要通过万用表、示波器等对电控单元进行检测找出故障电控单元,并用新的电控单元进行替换。

项目 5　其他常见总线系统检修

实践操作5.2——认识基于BSD总线的电源管理系统，并用示波器进行检修

1. 情景描述

学生小王到一家汽车维修厂实习，该维修厂接收了一辆有故障的宝马X6。小王知道BSD总线常见于宝马车系中，用于汽车的电源管理系统，但却一直没机会进行实车操作。于是，小王想借此机会更好地认识一下基于BSD总线的电源管理系统，并学习如何通过示波器对该系统进行检修。

扫一扫

认识基于BSD总线的电源管理系统，并用示波器进行检修

2. 准备工作

（1）工具设备：示波器、拆装专用工具和设备、人员安全防护用品（绝缘手套、绝缘鞋、护目镜、安全帽、绝缘垫）。

（2）实训汽车型号：宝马X6。

（3）辅助资料：检修手册、汽车电路图手册、教材。

3. 操作步骤

（1）认识电源管理系统的组成，包括智能型蓄电池传感器、接线盒和BSD总线等，具体如下。

① 认识智能型蓄电池传感器（见图5-20）。

② 认识接线盒（见图5-21）。

　　　　　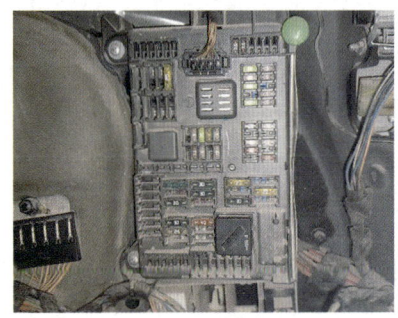

图5-20　智能型蓄电池传感器　　　　　图5-21　接线盒

③ 认识BSD总线（见图5-22）。

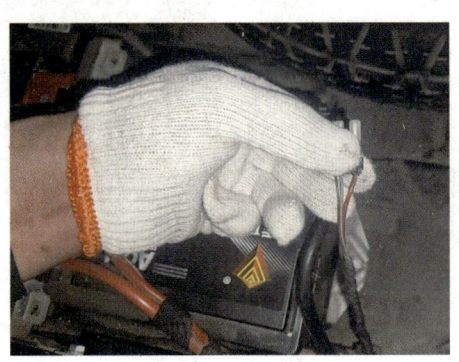

图5-22　BSD总线

165

（2）利用示波器检修电源管理系统，具体步骤如下。

① 将示波器与BSD总线连接，如图5-23所示。

② 读取电源管理系统的波形，波形显示异常，说明该系统内部存在故障，如图5-24所示。

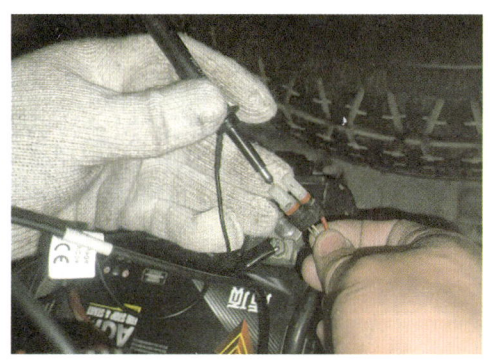

图5-23　将示波器与BSD总线连接

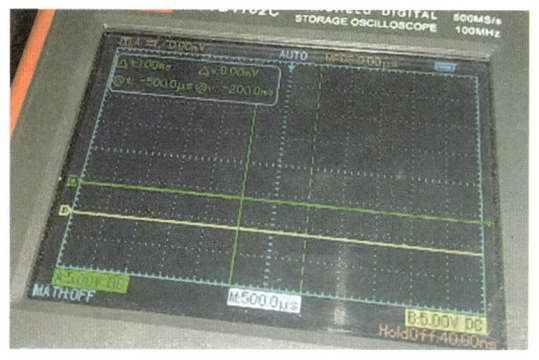

图5-24　读取电源管理系统的波形

③ 检查电控单元是否正常。保持各电控单元之间正常连接，断开电控单元1（见图5-25），波形未恢复正常（见图5-26），说明电控单元1不存在故障。

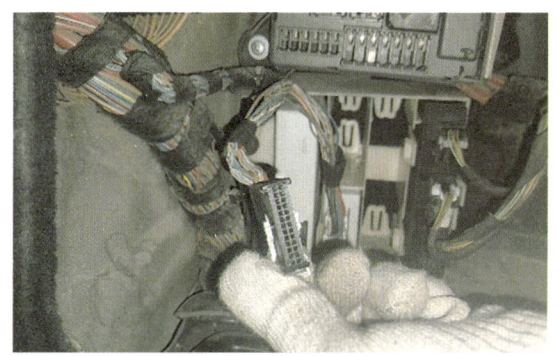

图5-25　断开电控单元1

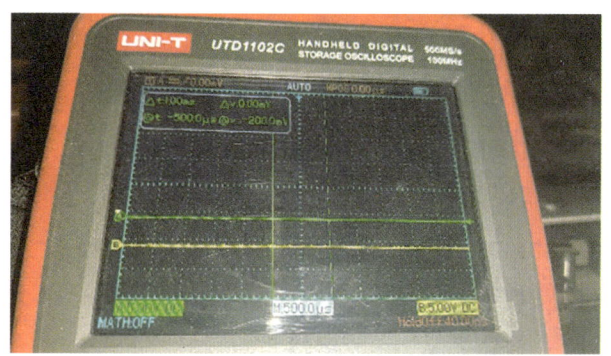

图5-26　波形未恢复正常

④ 继续保持各电控单元之间正常连接，断开电控单元2（见图5-27），波形恢复正常，（见图5-28），说明该电控单元存在故障。

图5-27　断开电控单元2

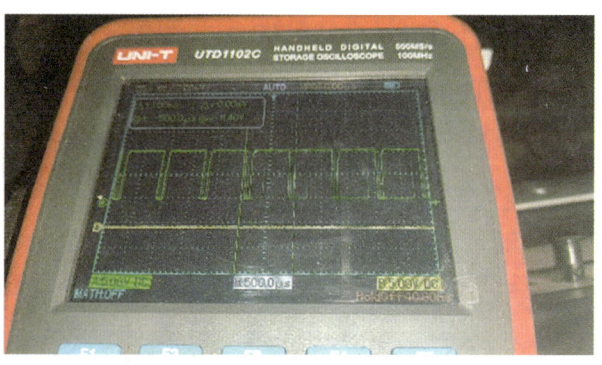

图5-28　波形恢复正常

⑤ 更换存在故障的电控单元，如图5-29所示。

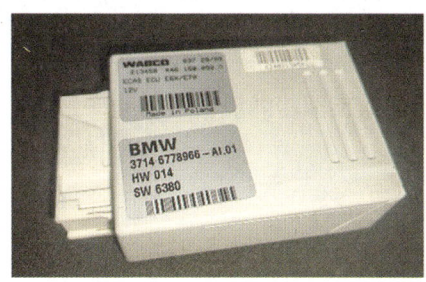
（a）

（b）

图5-29　更换存在故障的电控单元

（3）再次检测电源管理系统的波形，波形恢复正常，故障排除，如图5-30所示。

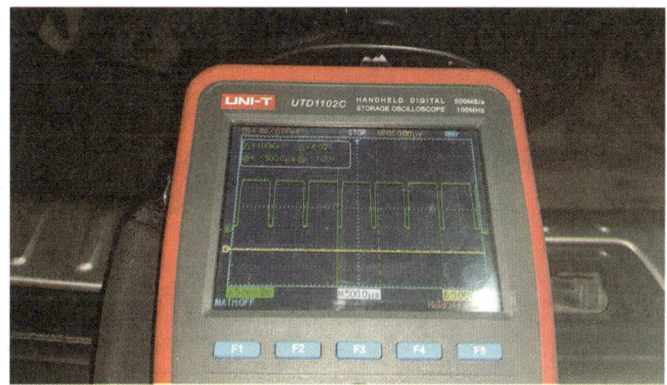

图5-30　波形恢复正常

汽车车载网络系统检修

任务5.3　检修诊断总线与车载蓝牙系统

 **任务引入**

部分汽车车载网络系统可通过有线或无线的方式与外界设备连接，以达到汽车故障检修、汽车语音通信等目的。例如，汽车检测仪可通过诊断总线连接汽车，从而读取故障信息，并进行故障诊断；车载蓝牙系统可通过蓝牙与外界手机连接，使驾驶员能够安全方便地接听电话、拨打电话和播放音乐等。

请大家思考：什么是诊断总线？什么是车载蓝牙系统？如何对它们进行检修？本任务的知识与技能要求如表5-11所示。

表5-11　知识与技能要求

任务内容	检修诊断总线与车载蓝牙系统	学习程度		
		识记	理解	应用
学习任务	诊断总线概述		●	
	诊断总线的检修	●		
	车载蓝牙系统概述		●	
	车载蓝牙系统的检修	●		
实训任务	认识CAN诊断总线并进行故障诊断			●
自我勉励				

168

任务工单5.3——检修诊断总线与车载蓝牙系统

1. 学生分组

以3~5人为一组,选出组长并进行任务分工,将小组概况及分工情况填入表5-12中。

表5-12 小组概况及分工情况

班级: 组号: 指导老师:

小组成员	姓名	学号	任务分工
组长			
组员			

2. 获取信息

在进行实践操作前,需要掌握检修诊断总线与车载蓝牙系统的相关知识。请各组组长组织组员收集相关资料,回答下列问题。

引导问题1:什么是诊断总线?它有哪几种类型?

引导问题2:CAN诊断总线有哪些特点?

班级 _____ 姓名 _____ 学号 _____

引导问题3：CAN诊断总线是如何进行数据传输的？

引导问题4：如何对诊断总线进行检修？

引导问题5：什么是车载蓝牙系统？它由哪几部分组成？

引导问题6：车载蓝牙系统有哪些特点？

引导问题7：车载蓝牙系统有哪些功能？

班级 _____ 姓名 _____ 学号 _____

引导问题8：车载蓝牙系统是如何进行数据传输的？

引导问题9：如何对车载蓝牙系统进行检修？

3．任务准备

1）制订计划

（1）根据任务内容制订工作计划，并将其填入表5-13中。

表5-13　工作计划

序号	工作计划	负责人

（2）列出完成工作计划所需要的器材，并将其填入表5-14中。

表5-14　器材清单

序号	名称	型号	规格	数量	备注

班级 _____ 姓名 _____ 学号 _____

2）进行决策

（1）各小组成员针对各自的工作计划展开讨论，并选出最佳的工作计划。
（2）老师对各小组的工作计划给出评价。
（3）各小组成员根据老师的评价对工作计划进行调整。
（4）调整合格后的工作计划即为最终任务实施方案。

4. 任务实施

根据最终任务实施方案展开活动。按实际操作过程，将实施内容、遇到的问题及解决办法等记录于表5-15中。

表5-15 任务实施

序号	实施内容	遇到的问题及解决办法

5. 课堂小结

_____
_____
_____
_____
_____

5.3.1 诊断总线

1. 诊断总线概述

诊断总线用于诊断汽车车载网络系统的故障，可以使汽车检测仪与存储故障信息的电控单元之间进行信息交换。常见的诊断总线有K诊断总线和CAN诊断总线。

1）K诊断总线

K诊断总线采用双向单线接口，分别连接网关和故障诊断接口，如图5-31所示。网关可以识别、分析故障信息和转换故障信息格式；故障诊断接口用于连接汽车检测仪。

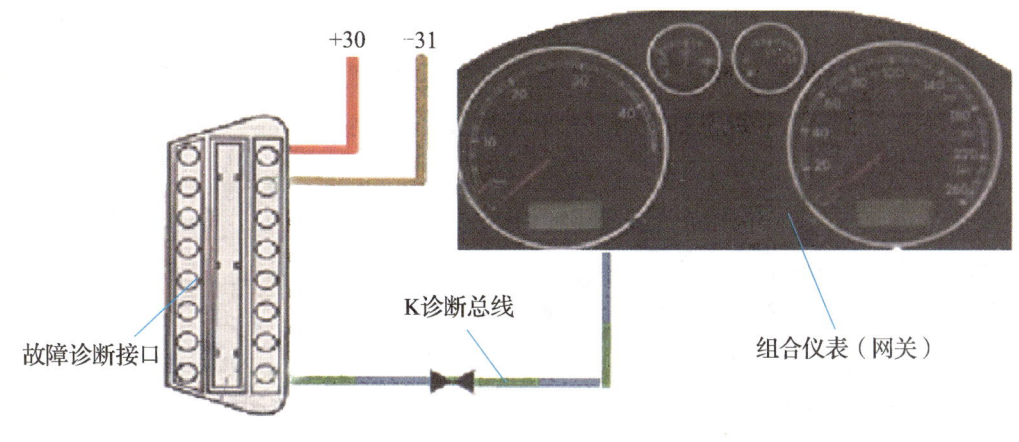

图5-31 K诊断总线

K诊断总线具有以下特点。

（1）数据传输速率较低。K诊断总线的数据传输速率较低，最高也只有10.4 kb/s。

（2）应用范围有限。K诊断总线连接的电控单元数量有限，每个电控单元的功能也相对简单，因此应用范围有限。

（3）易操作。K诊断总线的连接方式相对简单，因此更容易操作。

（4）成本较低。K诊断总线的线路比较简单，硬件组成也很简单，因此成本较低。

（5）可以进行半双工传输。K诊断总线连接的两个电控单元之间可相互进行数据交换，但两个方向无法同时传输数据。

K诊断总线遵循的网络标准为WP20K00协议，传输的数据为ASCII字符，每个字符的长度为4个数位，即半个字节。K诊断总线的数据传输更加简单，传输速率也变得更慢，且抗干扰能力较差，通常用于低速和较简单的数据传输和汽车故障诊断。

2）CAN诊断总线

随着汽车上电控单元数量的增多，K诊断总线已无法满足诊断数据传输量和传输速率的要求，于是CAN诊断总线开始代替其成为现在应用较多的一种诊断总线。

CAN诊断总线是CAN总线的一种，属于高速CAN总线。与K诊断总线一样，CAN诊断总线也采用双向接口，分别连接故障诊断接口和网关。不同的是，CAN诊断总线使用的是双绞线，其故障诊断接口有所改进，该接口的针脚布置如图5-32所示。另外，使用CAN诊断总线读取故障信息时，需要连接诊断连接导线（见图5-33）。

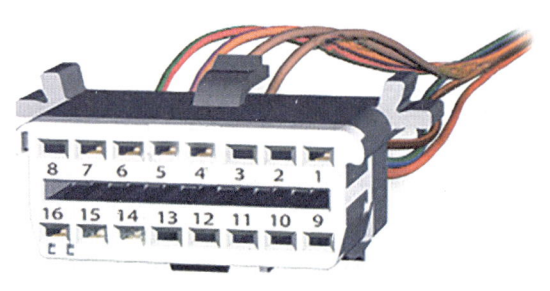

图5-32 CAN诊断总线故障诊断接口的针脚布置

图5-33 诊断连接导线

（1）CAN诊断总线的特点。

CAN诊断总线的特点主要有以下几点。

① 数据传输速率高。CAN诊断总线数据传输速率为500 kb/s，提高了诊断效率。

② 可以进行全双工传输。多个电控单元可以同时发送和接收数据，每个电控单元可以实现不同的功能，提高了数据传输速率，扩展了应用范围。

③ 支持实时数据传输。CAN诊断总线能够提供汽车的实时数据，以便于检修人员分析汽车实时状况，提高了诊断精度。

④ 安全性高。CAN诊断总线使用加密和访问控制等安全机制，具有较高的安全性。

⑤ 抗干扰能力强。CAN诊断总线采用差分方式传输，具有很强的抗干扰能力。

（2）CAN诊断总线的数据传输。

基于CAN诊断总线的网络标准主要有J2480协议、ISO 15765协议等。根据协议规定，CAN诊断总线的数据帧采用固定格式，包括起始域、仲裁域、控制域、数据域、安全域、应答域和结束域等。

CAN诊断总线的数据传输过程如图5-34所示，具体如下。

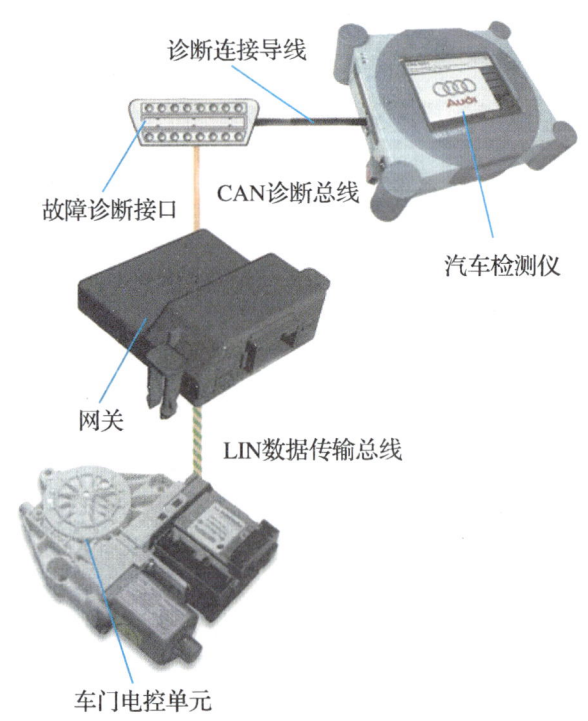

图5-34 CAN诊断总线的数据传输过程

① 当汽车在运行过程中发生故障时，相应部位的传感器或执行器等就会传输不正常的信号至电控单元。

② 当电控单元接收到的信号与其内部的存储信息不吻合时，该电控单元就会生成特定的故障信息，并将其存储到故障存储器内。

③ 当汽车检测仪读取故障码时，它会向CAN诊断总线发送一个请求。

④ 存储有故障信息的电控单元接收到请求后，将故障信息编码成数据帧发送到数据传输总线上，并传输到网关。

⑤ 网关对收到的数据帧进行格式转换，以适应故障诊断接口，并将数据帧发送到CAN诊断总线上。

⑥ 转换格式后的数据帧通过CAN诊断总线传输到故障诊断接口，并通过诊断连接导线传输到汽车检测仪。

⑦ 汽车检测仪内部的解码器对数据帧进行解码，并通过显示屏显示故障码，以帮助检修人员进行检修。

2．诊断总线的检修

当诊断总线发生故障时，检修人员将无法通过汽车检测仪读取故障码。常见的诊断总线故障包括无法正常通信、显示错误故障码、获取的故障信息不完整、汽车性能异常等，其检修方法具体如下。

1）**无法正常通信**

当汽车检测仪无法与电控单元正常通信时，检修人员需要对汽车电源及其线路进行检查和维修。首先检查电源线路是否连接良好、电源电压是否在正常范围之内等。若电源及其线路良好，则进一步检查诊断线路连接情况，包括检查诊断连接导线、CAN诊断总线连接是否良好，各端口是否损坏、接触不良等。

若故障为电源没电或受损，则应及时充电或更换电源；若故障为线路连接问题（如线路断开、损坏或腐蚀等），则应将线路重新连好、更换损坏线路或清除腐蚀等。

2）**显示错误故障码**

当汽车检测仪显示错误故障码时，检修人员需要仔细检查汽车检测仪软件配置中所使用的网络标准和故障码库是否正确，同时确保汽车检测仪的版本为最新版本。

3）**获取的故障信息不完整**

当无法获取汽车完整的故障信息时，检修人员需要仔细检查诊断总线的状态，包括线路的连接状态、接线开关的状态等，并及时对故障部位进行检修，以确保有足够的数据流进入汽车检测仪。

4）**汽车性能异常**

诊断总线故障还可能会导致某些交互数据传输不完整，从而导致汽车性能异常，如发动机无法启动、空调系统无法工作等。检修人员可对故障部位进行必要的检修，或者替换故障部件，使汽车性能恢复正常。

5.3.2 车载蓝牙系统

1．车载蓝牙系统概述

蓝牙技术是一种无线通信技术，该技术可通过无线电波实现短距离（一般10 m内）通信。车载蓝牙系统则是以蓝牙技术为基础而设计研发的车内无线免提系统。该系统通过蓝牙将手机和汽车上的免提组件连接，当需要拨打或者接通电话时，可以通过车载蓝牙系统来操作。例如，当手机连接了车载蓝牙系统时，司机可以通过按转向盘上的接通按钮来接通或挂断电话。

1）车载蓝牙系统的组成

车载蓝牙系统主要由主机控制器、蓝牙模块、麦克风和扬声器等组成。其中，蓝牙模块是车载蓝牙系统的核心，由CPU、无线收发器、基带控制器、程序存储器、数据存储器、通用异步收发器、通用串行接口和蓝牙测试模块等组成，如图5-35所示。

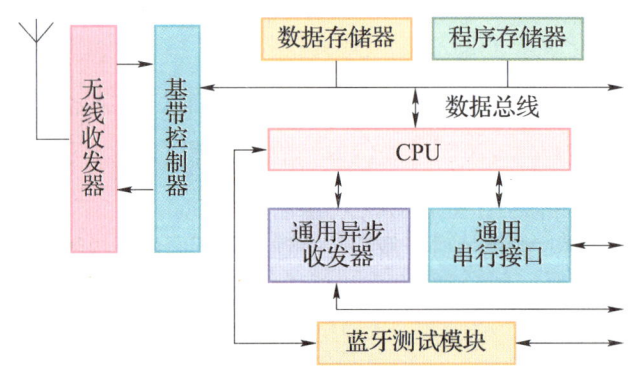

图5-35 蓝牙模块的组成

CPU：用于控制和管理蓝牙模块的功能和通信。

无线收发器：用于接收和发送高频通信无线电波。

基带控制器：蓝牙模块中最主要的模块之一，在CPU的控制下可实时处理数据，如对数据进行分组、加密、解密、校验、纠错等。

程序存储器：用于存放车载蓝牙系统协议软件。

数据存储器：用于存放要处理的数据。

通用异步收发器：蓝牙模块与主机控制器连接的接口之一。

通用串行接口：蓝牙模块与主机控制器连接的接口之一。

蓝牙测试模块：为可选模块，用于测试、提供有关认证和规范等。

2）车载蓝牙系统的特点

车载蓝牙系统的特点主要有以下几点。

（1）成本低。车载蓝牙系统使用的是全球通用的2.4～2.48 GHz频段，是免费的无线电波段，这大大节省了成本。

（2）数据传输速率高。车载蓝牙系统的数据传输速率较高，最高可达1 Mb/s。

（3）蓝牙装置微型模块化。由于车载蓝牙系统中传输数据的波长较短，因此蓝牙装置一般集成在一个微型模块中。

（4）传输设定简单。车载蓝牙系统采用无线方式传输数据，因此各模块之间没有复杂的设定。

（5）抗干扰能力强。车载蓝牙系统采用跳频技术，抗干扰能力大大增强。

知识链接

跳频技术是把频带分成若干个跳频信道。当进行数据传输时，车载蓝牙系统无线收发器中的数据按照一定的序列不断跳换信道，其他干扰信号则无法按照相同的路线传输。

（6）安全性高。车载蓝牙系统采用AES-128加密算法，从而加强了对数据传输的保护，起到防窃听的作用，大大提高了系统的安全性。

3）车载蓝牙系统的功能

车载蓝牙系统具有以下功能。

（1）可以自动识别手机，并通过无线方式与其连接。

（2）使用者不需要碰触手机即可控制手机。例如，使用者可通过按转向盘上的接通按钮来接通电话，或通过语音指令接听、拨打电话。

（3）通过车载蓝牙系统接打电话时，可使用汽车音响或耳机进行通话。

4）车载蓝牙系统的数据传输

车载蓝牙系统使用无线电波进行数据传输时，蓝牙可连接的有效距离为10 m；如果外加放大器，其有效距离可达100 m。当手机与车载蓝牙系统连接后，便可进行数据传输。下面以使用车载蓝牙系统播放手机声音为例，简述车载蓝牙系统数据传输的过程。

（1）手机的蓝牙模块通过内置的发射天线，将要传输的数字信号转化为无线电波，并发送到空中。

（2）在与该手机连接的车载蓝牙系统中，蓝牙模块无线收发器的天线收到无线电波后，将其处理为数字信号，并将其传输到基带控制器内。

（3）基带控制器在CPU的控制下将数字信号分成短而灵活的数据包，并将其发送至主机控制器。数据包的末尾一般设置校验和域，用于校验数据包的完整性。

（4）主机控制器收到从蓝牙模块传输过来的数据包后，对其进行解析和处理。并将处理后的数据传输到汽车音响系统的音频解码器。

（5）音频解码器收到数据后，将其解码成原始的音频信号，并使其通过汽车扬声器发出。此时，司机便可以通过车载蓝牙系统听到手机发出的声音，并进行通话。

2．车载蓝牙系统的检修

当车载蓝牙系统出现故障时，该系统将无法正常通信，因此要对其进行检修。检修内容主要包括检修电源、检修线路、检修主机控制器和蓝牙模块、检修其他模块等。

1）检修电源

当车载蓝牙系统无法正常通信时，检修人员首先应检查系统的电源是否正常，如检查电源线路端的连接器接触是否良好。若连接器锈蚀，则应及时清除锈蚀或更换连接器。

2）检修线路

车载蓝牙系统的主机控制器直接通过连接器与汽车电源正极相连，若检测出的电源电压异常，则应检查线路连接情况。若导线损坏或断裂，则应对其进行修复或直接更换新的导线。

3）检修主机控制器和蓝牙模块

若电源和线路连接情况均正常，则故障多为主机控制器或蓝牙模块内部故障，可通过将示波器显示的波形与正常波形对比的方法，来查找发生故障的部位，并对故障部位进行维修或更换故障部件。

4）检修其他模块

若上述部位均正常，则应检查信号天线、麦克风等模块是否存在故障。若模块内部已损坏，则直接更换新的模块；若模块的连接线路出现接触不良或短路，则应对连接线路进行维修。

实践操作5.3——认识CAN诊断总线并进行故障诊断

1. 情景描述

汽车维修厂接收了一辆汽车车载网络系统发生故障的吉利帝豪EV450汽车，该汽车通过CAN诊断总线传输故障信息。为了熟悉汽车故障诊断的流程，小张在师父的引导下，首先认识了CAN诊断总线及其相关部件，并进行了故障诊断。

扫一扫

认识CAN诊断总线
并进行故障诊断

2. 准备工作

（1）工具设备：汽车检测仪、诊断连接导线、拆装专用工具和设备、人员安全防护用品（绝缘手套、绝缘鞋、护目镜、安全帽、绝缘垫）。

（2）实训汽车型号：吉利帝豪EV450。

（3）辅助资料：检修手册、汽车电路图手册、教材。

3. 操作步骤

（1）认识CAN诊断总线，如图5-36所示。CAN诊断总线的两端分别连接故障诊断接口（见图5-37）和网关。

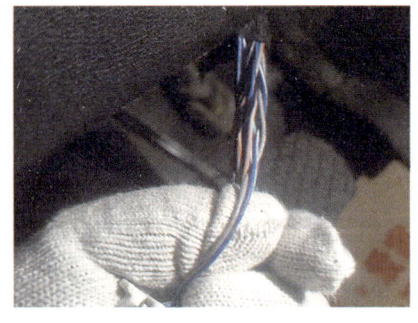
图5-36　CAN诊断总线

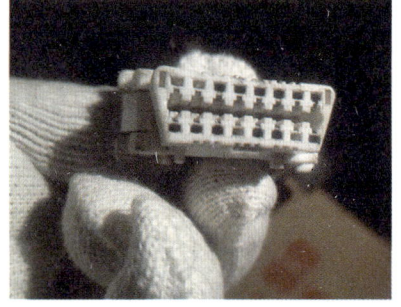
图5-37　故障诊断接口

（2）认识诊断连接导线，它主要用于将汽车检测仪连接到故障诊断接口上，如图5-38所示。

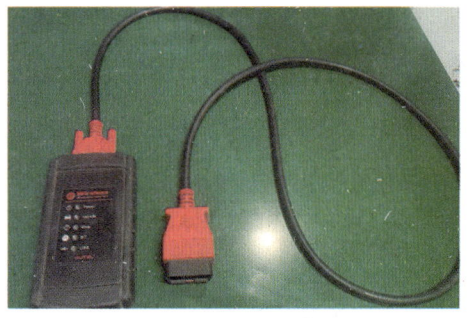
图5-38　诊断连接导线

项目 5　其他常见总线系统检修

（3）利用CAN诊断总线进行故障诊断，具体步骤如下。

① 将汽车检测仪通过诊断连接导线与故障诊断接口连接，如图5-39所示。

② 读取故障码，如图5-40所示。

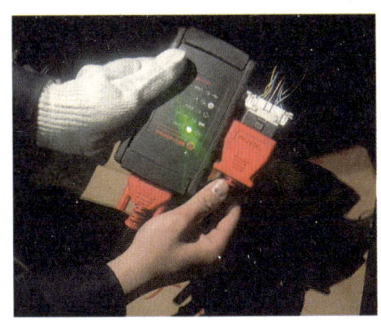

图5-39　将汽车检测仪与故障诊断接口连接

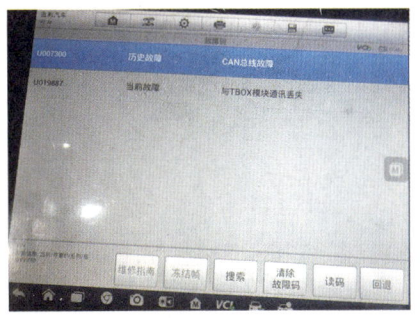

图5-40　读取故障码

③ 清除故障码，如图5-41所示；再次读取故障码，显示"未侦测到故障码"，此时故障码已被清除，如图5-42所示。

图5-41　清除故障码

图5-42　故障码已被清除

素养之窗——汽车车载网络技术的发展趋势

随着科学技术的发展，人们对汽车通信的需求不断增加，这也不断推动着汽车车载网络技术的发展。传统的汽车车载网络系统能满足汽车部分系统的数据传输要求，且能够进行实时性数据传输，但普遍存在带宽低、成本高等问题，具体情况如下。

常见的汽车车载网络系统，如CAN总线系统和LIN总线系统已经无法满足人们的需求。MOST总线系统和FlexRay总线系统因成本高、应用复杂等，不适用于所有汽车。此外，传统的汽车车载网络标准都是面向汽车制定的，存在不易扩展、无法互联互通、无法满足智能网联汽车要求等弊端。因此，汽车车载网络系统迫切地需要引入新的局域网。

以太网作为目前应用最普遍的局域网，给汽车车载网络的发展提供了新思路。以太网的数据传输速率从最初的10 Mb/s，发展为100 Mb/s、1 Gb/s、10 Gb/s，甚至100 Gb/s。同时，以太网技术应用于汽车所面临的电磁兼容和时间延迟两个主要问题已取得重大突破。某汽车公司通过BroadR-Reach技术开发的汽车用以太网芯片，成功解决了电磁兼容问题。针对以太网时间延迟问题，某协会提出了时间敏感网络（time sensitive networking, TSN）标准。TSN是在传统以太网的基础上，使用精准时钟同步，通过保障带宽来限制传输延迟，提供高级别服务质量，以支持各种基于音、视频的媒体应用。另一家汽车公司也在推广时间触发以太网（time-trigger ethernet, TTE）在汽车上的应用，该局域网允许时间触发通信与事件触发通信共存，使以太网在满足高安全等级要求的同时，依然可以承担对实时性要求不过分严格但需要高带宽的以太网数据传输。

汽车车载以太网前期主要用于车内电控单元的诊断和程序更新。如今，车载以太网更多的是将几个子系统（如显示系统、多媒体系统、驾驶辅助系统等）的功能整合，形成一个拥有功能集合的以太网系统。

未来随着车载以太网的发展和成熟，汽车车载网络系统将会发展成为以以太网为主干网络，传统CAN、LIN等局域网继续在低容量通信区域使用的网络架构。

（资料来源：电子技术设计网，有改动）

学习知识检验

1. 填空题

（1）Byteflight总线系统采用_____结构，由一个主电控单元和多个从电控单元组成，主电控单元与从电控单元之间通过_____进行数据传输。各电控单元都有接收和发送模块，用于数据_____、发送和格式转换。

（2）FlexRay总线系统主要由_____、驱动器、数据传输总线和_____组成。

（3）_____拓扑结构的FlexRay总线系统既可以传输_____，也可以传输光学数据。

（4）FlexRay总线系统数据传输的触发方式主要有两种，分别是_____和事件触发方式，由传输的数据帧帧头段的_____决定。

（5）当一根数据传输总线出现短路或_____时，另一根数据传输总线仍可以保证数据的正常传输，此时VAN总线系统进入_____工作模式。

（6）当数据传输总线_____时，各电控单元均可向其发送数据；当两个或两个以上电控单元同时向数据传输总线发送数据时，便会产生冲突，需要_____。

（7）当电压无法满足汽车需求，且蓄电池电量不足时，电源管理系统会通过_____总线发送信号至发动机电控单元，发动机则会将怠速转速提高到_____ r/min。

（8）智能型蓄电池传感器是一个带有微型控制器的传感器，直接安装在蓄电池的_____，主要负责监测蓄电池的相关参数，并与_____进行通信。

（9）CAN诊断总线也是一个双向接口，分别连接_____和网关。

（10）当汽车检测仪显示错误故障码时，检修人员需要仔细检查汽车检测仪软件配置中所使用的网络标准和故障码库是否正确，同时确保汽车检测仪的版本为_____。

（11）蓝牙技术是一种_____通信技术，该技术可通过_____实现短距离（一般10 m内）的通信。

（12）车载蓝牙系统采用_____，从而加强了对数据传输的保护，起到防窃听的作用，大大提高了系统的安全性。

2．选择题

（1）Byteflight总线系统的传输介质为（　　）。
  A．双绞线　　　　　　　　　　　　B．同轴电缆
  C．光纤　　　　　　　　　　　　　D．无线传输媒介

（2）只能传输电气数据的FlexRay总线系统的拓扑结构为（　　）。
  A．总线形　　　　　　　　　　　　B．环形
  C．星形　　　　　　　　　　　　　D．其他

（3）下列不属于VAN总线系统的特点的是（　　）。
  A．单主控制　　　　　　　　　　　B．串行通信
  C．差分传输　　　　　　　　　　　D．稳定性较低

（4）在电源管理系统中，属于主电控单元的是（　　）。
  A．接线盒　　　　　　　　　　　　B．发动机电控单元
  C．交流发电机　　　　　　　　　　D．智能型蓄电池传感器

（5）CAN诊断总线为一个（　　）传输的（　　）接口。
  A．双向，单线　　　　　　　　　　B．双向，双线
  C．单向，双线　　　　　　　　　　D．单向，单线

（6）车载蓝牙系统中，用于存放要处理的数据的模块为（　　）。
  A．数据存储器　　　　　　　　　　B．基带控制器
  C．无线收发器　　　　　　　　　　D．蓝牙测试模块

3．简答题

（1）简述Byteflight总线系统的帧结构。
（2）VAN总线系统数据传输的触发方式有哪几种？
（3）CAN诊断总线有哪些特点？
（4）车载蓝牙系统的蓝牙模块由哪几部分组成，其功能各是什么？

学习成果评价

指导老师根据学生对本项目的实际学习成果对其进行评价，学生配合指导老师共同完成如表5-16所示的学习成果评价表。

表5-16 学习成果评价表

班级		组号		日期	
姓名		学号		指导老师	
学习成果/项目名称	其他常见总线系统检修					
评价项目	评价内容	评价方式	满分/分	评分/分
---	---	---	---	---
知识 40%	Byteflight总线系统概述	理论测试	5	
	Byteflight总线系统的检修		5	
	FlexRay总线系统概述		3	
	FlexRay总线系统的检修		3	
	VAN总线系统概述		3	
	VAN总线系统的检修		3	
	基于BSD总线的电源管理系统概述		3	
	BSD总线的检修		3	
	诊断总线概述		3	
	诊断总线的检修		3	
	车载蓝牙系统概述		3	
	车载蓝牙系统的检修		3	
技能 40%	检修FlexRay总线系统的安全蓄电池接线柱	实践操作	15	
	认识基于BSD总线的电源管理系统，并用示波器进行检修		15	
	认识CAN诊断总线并进行故障诊断		10	
素养 20%	积极参加教学活动，主动学习、思考、讨论	综合评判	6	
	认真负责，按时完成学习、实践任务		4	
	团结协作，与组员之间密切配合		4	
	服从指挥，遵守课堂和实训室纪律		4	
	守正创新，自信自强		2	
	合计		100	
自我评价					
老师评价					

参考文献

[1] 孙春玲，刘福海．汽车车载网络系统检修［M］．济南：山东大学出版社，2020．

[2] 刘春晖，刘光晓．汽车车载网络技术详解［M］．北京：机械工业出版社，2019．

[3] 黄建文．汽车车载网络系统检修一体化项目教程［M］．上海：上海交通大学出版社，2011．

[4] 吴文琳．汽车车载网络系统检修及实例精粹［M］．北京：化学工业出版社，2016．

[5] 付百学．汽车车载网络技术［M］．2版．北京：机械工业出版社，2019．

[6] 田大新，段续庭，周建山．车载网络技术［M］．北京：清华大学出版社，2020．

[7] 凌永成．车载网络技术［M］．2版．北京：机械工业出版社，2021．

[8] 吴海东．汽车车载网络控制技术［M］．2版．北京：机械工业出版社，2019．

[9] 蔡志乾．车载网络与车身电控系统［M］．北京：电子工业出版社，2017．

[10] 李彦．新能源汽车车载网络技术［M］．北京：科学出版社，2021．